Eveline Goodman-Thau

Fremd in der Welt, zu Hause bei Gott

Forum Jüdische Kulturphilosophie

Studien zu Religion und Moderne

herausgegeben von

Eveline Goodman-Thau

Band 1

LIT

Eveline Goodman-Thau

Fremd in der Welt, zu Hause bei Gott

Bruch und Kontinuität in der jüdischen Tradition

LIT

Umschlagbild: Paul Klee: 1920, 164 Arlequin auf der Brücke
© VG Bild-Kunst, Bonn 2002

Die Deutsche Bibliothek – CIP-Einheitsaufnahme

Goodman-Thau, Eveline:
Fremd in der Welt, zu Hause bei Gott : Bruch und Kontinuität in der jüdischen Tradition / Eveline Goodman-Thau. – Münster : Lit, 2002
(Forum jüdische Kulturphilosophie: Studien zu Religion und Moderne ; 1)
ISBN 3-8258-5489-2

Grevener Str. 179 48159 Münster Tel. 0251–23 50 91 Fax 0251–23 19 72
e-Mail: lit@lit-verlag.de http://www.lit-verlag.de

Zur Einführung

Im Rahmen des *Forums jüdische Kulturphilosophie* wollen wir versuchen, die Wechselwirkung von Judentum und Abendland neu zu denken, nämlich als Paradigma der Moderne schlechthin.

Bei einer Reflexion über den Ort des jüdischen Denkens im Abendland sind Metaphern, die Bruch und Kontinuität betreffen, einerseits wichtig, um die Signaturen dieses Ortes zu konturieren, sie sind aber zugleich Merkmale dieses undefinierbaren Ortes selbst. Sie entstammen jener historischen Tatsache, die als die Vernichtung des europäischen Judentums in die Geschichte unserer Generation eingeschrieben ist. Eingeschrieben sind die Metaphern in den Herkunftsort ihrer verloren gegangenen Geschichte und weisen zugleich als Beschreibungsgrößen über ihren Untergang hinaus. Der Widerspruch, der zwischen den beiden Größen ‚Bruch' und ‚Kontinuität' wieder spricht, erlaubt eine Brücke zu bauen über den Abgrund, über den kein Gespräch möglich ist. Im Blick auf die kontinuierliche Zeit heißt dies, eine Möglichkeit zu schaffen, die Pflöcke des Zeltes aufs neue mit einem Seil zu überspannen, unter dem Tradition erneuert sich entfalten kann.

In diesem Sinne ist es wichtig, Nutzen und Nachteil der Historie als feste Anhaltspunkte kritisch zu betrachten. Durch eine solche kritische Betrachtung werden Gegenwart und Zukunft zu Indikatoren des erinnerten Gedächtnisses, das in seiner Brüchigkeit ein Kontinuum in der Zeit aufspannt. Raum und Zeit gewinnen so eine Dimension der Offenheit, in der Gegensätze nicht aufgehoben werden, sondern sich fruchtbar begegnen können.

Die vorliegende Schrift erläutert Bruch und Kontinuität in der Moderne aus jüdischer Sicht. *Sprache*, *Geschichte* und der *Mensch* sind die Themen, drei jüdische Denker die Wegweiser: Franz Rosenzweig vor dem Bruch, vor der Schoa, hatte zusammen mit Martin Buber versucht, eine Erneuerung zu erreichen durch eine neue Bibelübersetzung. Walter Benjamin wollte die Geschichte retten, ist aber in ihrem Sturm, im Bruch selbst umgekommen. Emmanuel Levinas führt uns in Europa nach der Schoa zur letzten Station: dem Menschen, in der Hoffnung, daß es (doch) noch möglich ist, den Anderen wahrzunehmen.

Der folgende Text ist die überarbeitete Fassung eines Vortrags, den ich am 14. Juni 1995 im Rahmen der *Bremer Beiträge* von Radio Bremen gehalten habe[1] und der auf diese Weise nun einem breiteren Publikum zugänglich gemacht wird.

An dieser Stelle möchte ich meinen Dank aussprechen an das Pädagogisch-Theologische Institut im Bildungswerk der Evangelischen Kirche in Berlin-Brandenburg für die großzügige finanzielle Unterstützung dieser Ausgabe. Ein besonderes persönliches Wort des Dankes gilt Herrn Helmut Ruppel, dem Studienleiter des Instituts, der durch sein ständiges Suchen und Beharren auf das Gespräch mit Juden seit Jahren einen Ort

1 Gesendet wurde der Vortrag am 23. August 1995 in der Reihe Kultur und Gesellschaft; Redaktion: Alfred Paffenholz.

des Lehrens und des Lernens geschaffen hat, an dem Trauer, Trost und Hoffnung aufgehoben sind.

Eveline Goodman-Thau
Berlin, im Juni 2001

Die Schleuse

Über aller dieser deiner
Trauer: kein
zweiter Himmel.

....

An einen Mund,
dem es ein Tausendwort war,
verlor –
verlor ich ein Wort,
das mir verblieben war:
Schwester.

An
die Vielgötterei
verlor ich ein Wort, das mich suchte:
Kaddisch.

Durch
die Schleuse mußt ich,
das Wort in die Salzflut zurück-
und hinaus- und hinüberzuretten:
Jiskor.

Paul Celan
(in: Die Niemandsrose, 1963)

I.

Das Leben im verlorenen Wort, im Wort, das mich sucht, ein hinaus- und hinübergerettetes *Jiskor* – Erinnern –, ist nicht nur für den Dichter Paul Celan, sondern für das jüdische Volk als Ganzes eine Überlebensfrage.

Gekennzeichnet von Brüchen, von seinen frühen Anfängen bis zum heutigen Tag, ist es herausgefordert, im Bruch selbst die Kontinuität zu gestalten, aus dem Untergang selbst den nächsten Schritt zu planen. Nicht gebunden an eine bestimmte Ordnung, erfindet die jüdische Tradition aus dem Chaos eine neue Ordnung, die nicht statt der alten auftritt, sondern in einer erinnernden Geste die Vergangenheit in die Gegenwart aufnimmt.

Bruch *und* Kontinuität – dies ist offensichtlich ein Gegensatz, der in der jüdischen Idee der Erinnerung seinen Ausdruck findet. Bruch und Kontinuität sind so auch die Grundlage des jüdischen Geschichtsverständnisses, das diesen Gegensatz nicht aufhebt, sondern fruchtbar macht.

In letzter Zeit ist viel geschrieben und diskutiert worden über das Thema Erinnerung, nicht zuletzt weil es scheint, als ob fünfzig Jahre eine Art Abschluß darstellten, der es erlaubt, die Katastrophe des Zweiten Weltkrieges für Europa aus der heutigen Perspektive zu bewältigen, jedenfalls auf der reflektierenden Ebene. Aus einer historischen Perspektive hat das Setzen dieses Datums selbstverständlich einen Sinn. Irgendwann muß der Prozeß des „Gedenkens“ anfangen, und warum sollte die Feier von fünfzig Jahren „Befreiung“ nicht ein besserer Anlaß als jeder andere sein?

Die Frage, die wir uns heute zum Thema machen wollen, ist nicht eine deutsche, sondern eine jüdische, obwohl im Kontext der Vernichtung des europäischen Judentums in diesem Jahrhundert das bald zu Ende geht, Deutschtum leider nicht von Judentum zu trennen ist. Aber gerade darum scheint es wichtig, über den jüdischen Geschichtsbegriff nachzudenken, der in der Begegnung von Zeit und Ewigkeit seinen Ort hat, im Riß, in dem Geschichte und Biographie sich kreuzen. Es ist aus jüdischer Sicht nie möglich, über „die Geschichte“

zu reden, sondern es ist nur möglich, die „eigene Geschichte“ zu erzählen. Durch seine Biographie ist der Mensch Bruch der Zeit. Und damit sind wir schon in der Mitte unseres Themas, das in dieser Zeit nicht allein das jüdische Volk, sondern Europa als „der Kontinent, der die Juden verloren hat“, mehr als alles andere beschäftigt. Wir wollen nicht fragen nach Schuld und Unschuld. Frühe Geburt oder späte Geburt sind keine Kategorien, die uns weiterhelfen können; auch nicht die Kategorien Opfer und Täter – der Wettbewerb, Opfer zu sein, ist ja in vollem Gange; und Täter gibt es bis zum heutigen Tag genug in der ganzen Welt. Wir wollen nicht reden aus einer Perspektive der Moderne, in der wir selbst Meister unserer Geschichte sind, oder aus einer Perspektive der Post-Moderne, in der der Blick zurück nicht mehr nötig und daher nicht mehr möglich ist, oder gar aus einer Post-Post-Moderne, wo wir ohne Geschichte leben können und wollen ... Wir empfinden die Evidenzen der Säkularisierung, deren Erscheinungsbild Max Weber verbindlich beschrieben hatte, als er seinerzeit das Stichwort der „Entzauberung der Welt“ anbot. Wo einst Magie und Mythos das Gegebene sanktionierten, regiert heute Technologie und Kalkül. Die durchrationalisierte Welt erscheint uns jedoch undurchdringlich, abweisend, eine Kreation der Fachleute und als „Fast ohne Worte", wie es in einem der Reklameslogans der Deutschen Bundesbahninformation heißt. Durch Zeichen Kommunikation zu ermöglichen ist zum nationalen und internationalen Ideal geworden. Max Weber ist schon 1920 zutiefst besorgt, wenn er sagt: „Wer weiß noch, wer künftig in jenem Gehäuse wohnen wird und ob am Ende dieser ungeheueren Entwicklung ganz neue Propheten oder eine mächtige Wiedergeburt alter Gedanken und Ideale stehen werden oder aber – wenn keines von beiden – mechanisierte Versteinerung, mit einer Art von krampfhaftem Sich-wichtig-Nehmen verbrämt."

Diese „Unbehaustheit" ist ein Zeichen unserer Zeit geworden, in der Vertriebene sich in einer Gesellschaft, die sich selbst fremd geworden ist, bedroht fühlen. – Ein nihilistisches Exil, in der Erinnerung keinen Ort mehr hat. Die unterdrückte Vergangenheit springt als überholte Gegenwart ins Auge: jeder Moment ist schon vorbei, schon eingeholt vom nächsten, der ihn ersetzt, ihm ähnlich sein will, in der Anonymität der leeren Zeit. Daten sind nicht mehr Geburtsdaten von Ereignissen, Tage, in denen das Eigene und das Fremde sich begegnen und zur geistigen Erneuerung führen, sondern gehen verloren im Strom der Zeit, die keine Barmherzigkeit kennt, nichts vom Einzelnen zu erzählen weiß. Das Zwiegespräch zwischen Mensch und Mensch hat, da kein anderer Ort Mitzeuge ist, seinen Sitz im Leben verloren. Degradiert vom Kornmunikationszwang hat es seine Lebendigkeit eingebüßt. Frage und Antwort sind „eingespielt“, wie die Musik in einem Interview werden die Lücken gefüllt, das Schweigen unhörbar gemacht.

Hilde Domin schreibt in einem Kommentar zu Wolfgang Hldesheimers Deutschlandbuch *Tynset* aus Anlaß einer Eintragung des Autors, die sie in dem Gästebuch einer kleinen literarischen Vereinigung in Süddeutschland fand – „Denk ich an Deutschland in der Nacht, dann bin ich um den Schlaf gebracht“ – über diese besondere Schlaflosigkeit, die den Menschen in „einem Splitter Wirklichkeit“ isoliert, die sozusagen vom

„Körper der Wirklichkeit“ amputiert ist, „eingekerkert in eine tote Partikel, zusammen mit seinen Erinnerungen, die entsetzlich gut konserviert sind: gefrorene Schrecken, immer zur Hand, obsessionierend deutlich ... Das Problem ist ein Problem der Kommunikation: hin zu den Menschen, aber doch weg von den konkreten Menschen, den möglichen Unmenschen.“[1]

Das Mißlingen der wirklichen Kommunikation macht den Mitmenschen zum Verschwörer, verwandelt Kommunikation zur Drohung und Bedrohung. Wenn das Leben zum Schlaf geworden ist, dann ist die Schlaflosigkeit der Ort, wo durch viele Brechungen hindurch ein Gegenmodell der Wirklichkeit auftaucht, welches im grellen Tageslicht ein verzerrtes Bild erzeugt, wo das wahre Bild nur im Blitz, nicht im Schatten, sondern als Blitzlicht an- und auszuspringen vermag.

„Unverlierbares Exil, du trägst es bei dir, Wüste, einsteckbar“, lautet eine unvergeßliche Strophe dieser großen Dichterin, die ausdrückt, daß nicht Heimat – sie war nach Heidelberg „zurückgekehrt“ – der Gegenpol zum Exil ist, sondern „das Exil ist der Gegenpol, die

Negation". Um eben auszudrücken, daß Heimat nicht ist, nur in der Sprache, der Muttersprache, der Sprache der Kindheit, wo das Zuhause noch ein Zuhause war ... Aber wie wenige gibt es noch, die so Hand in Hand mit der Sprache gehen, bis zuletzt, wie Hilde Domin, die nicht auf der permanenten Flucht eingeholt wurden, die vom Rande der Welt nach Hause gehen durften, konnten ...[2]

Der Philosoph Walter Benjamin, dem dies nicht vergönnt war, hat diesen Zustand des Exils im Tiefsten seiner Seele empfunden. In der 8. seiner Thesen *Über den Begriff der Geschichte* redet er vom „Ausnahmezustand": „Die Tradition der Unterdrückten belehrt uns darüber, daß der ‚Ausnahmezustand' in dem wir leben, die Regel ist. Wir müssen zu einem Begriff der Geschichte kommen, der dem entspricht. Dann wird uns als unsere Aufgabe die Herbeiführung des wirklichen Ausnahmezustands vor Augen stehen; und dadurch wird unsere Position im Kampf gegen den Faschismus sich verbessern. Dessen Chance besteht nicht zuletzt darin, daß die Gegner ihm im Namen des Fortschritts als einer historischen Norm begegnen. – Das Staunen darüber, daß die Dinge, die wir erleben, im zwanzigsten Jahrhundert ‚noch' möglich sind, ist *kein* philosophisches. Es steht nicht am Anfang einer Erkenntnis, es sei denn der, daß die Vorstellung von Geschichte, aus der es stammt, nicht zu halten ist."[3] Dieses Gefühl für den Ausnahmezustand, das Gefühl der „Nichtzugehörigkeit", macht Benjamin wirksam im Kampf gegen den Faschismus und seinen historischen Stachel, der im Namen des Fortschritts die Aufhebung der Zeit zum Instrument macht und sich jedes Mittels bedient, um sein Ziel zu erreichen.

Der Zeitbruch, jener Einbruch des Ereignisses ohne Vorbild, kann die Geschichte als Fortschritt nicht aufhalten. Das Problem ist eben kein philosophisches, sondern ein menschliches, und es ist daher der Mensch, der im Riß der Zeit zu stehen vermag, der selbst die Ausnahme ist. Dies ist der einzige „Zustand", den es gibt; in dieser Hinsicht ist der Mensch derjenige, der zu dem Stand der Dinge steht. Kein Vorbild, sei es ein Geschichtliches oder gar ein Menschliches, kann hier zur Erkenntnis, zur Einsicht führen.

Benjamin bezieht sich hier auf eine Definition der Souveränität von Carl Schmitt, die lautet: „Souverän ist der, der über den Ausnahmezustand entscheidet“.[4] In den Augen Carl Schmitts legitimiert der Souverän seine Autorität dadurch, daß er über den sozialen Gruppen steht, die, obwohl sie alle das Beste wollen, ihre Rivalitäten und gegensätzlichen Interessen nicht überwinden können, weshalb die Gefahr eines Rückfalls in die Barbarei besteht. Hier ist die „Entscheidung“ Ausdruck einer Angst vor dem Chaos. Sie schöpft nicht aus dem Reservoir der menschlichen Werte, ihre Überzeugungskraft stammt nicht aus der Sittlichkeit und auch nicht aus einem Konsens der Plausibilität. Der „Wert“ der Entscheidung liegt vielmehr in der autoritären Beseitigung jeglichen Zweifels, jenes Relativierungsmechanismus, der einander widersprechende Argumentationen innerhalb des gesellschaftlichen Lebens zuläßt. Die Bedeutung, die Carl Schmitt dem Akt der Entscheidung zuspricht, beruht auf der These, daß der Ausnahmezustand außerhalb der Regel liegt, eben nicht aus einer Regel oder irgendeiner Form der Legitimation abzuleiten ist, sondern im

Augenblick, aus einem Nichts, geboren sein soll. Nach Schmitt hat der Souverän deshalb nicht nur die Entscheidungsbefugnis, zu bestimmen, was in einem Ausnahmezustand zu tun ist, sondern auch die Autorität, festzulegen, „wann eine solche Situation, in der er allein und nach eigenem Gutdünken zu bestimmen hat, überhaupt vorliegt". Er steht außerhalb der normal geltenden Rechtsordnung, bestimmt aber zugleich, da er für die Entscheidung zuständig ist, wann und ob die Verfassung in toto suspendiert werden kann. Dies ist die Haltung Carl Schmitts 1934.

Gegen diese „Freiheit der Entscheidung", die aus dem Nichts geboren ist, der sich nichts „erinnern" kann, setzt Benjamin die „Gunst der Stunde". Anders als Schmitt interessiert ihn weniger die juristische Frage nach der Souveränität als das Problem der Rückgewinnung von Handlungsfähigkeit. Die menschliche Handlung als Ausdruck der Freiheit steht hier zur Debatte, eine Frage, die in jüdischer Tradition im Hinblick auf das Gesetz als Voraussetzung gegeben ist. Wie wir in unserem Buch *Zeitbruch,* das die messianische

Grunderfahrung in der jüdischen Tradition untersucht, gezeigt haben, basiert das Gott-Mensch-Verhältnis im Judentum auf einer freien Entscheidung auf beiden Seiten. Diese Entscheidung ist als Gabe gegeben und findet ihren Ausdruck im hebräischen Wort *chessed,* das Entschluß zur und Vollzug von tätiger Liebe bedeutet. Tätige Liebe läßt sich nicht aus dem Gesetz ab- oder herleiten, sondern bedarf der freien Entscheidung des Menschen als Vorbedingung und ist deshalb durch den Menschen als frei wählendes Individuum bedingt. Diese Freiheit hebt die Tat des Menschen auf eine höhere Ebene, die den Bund mit Gott immer aufs neue bestätigt.

Von seinen frühen Anfängen an hat das jüdische Denken sich in dieser Weise gegen jede Form des Geschichtsdeterminismus gewehrt und das Paradox zwischen der Allwissenheit Gottes und der menschlichen Entscheidung ausgehalten. Die Frage nach der Auswirkung der menschlichen Handlung bleibt offen, der Mensch soll sich ihr aber auch nicht entziehen.[5]

Im Zeichen von Bruch und Kontinuität wollen wir in unseren Ausführungen der jüdischen Geschichtsauffassung nachgehen, die den Menschen als einziges Geschöpf in der Welt in einem „Ausnahmezustand“ sieht: aufgespannt zwischen Himmel und Erde, Zeit und Ewigkeit, ist der Mensch zugleich Trennungspunkt wie auch Bindeglied zwischen diesen beiden Polen. Der Mensch ist es, der die Wirklichkeit als Ganzes zu erfahren vermag.

Im biblischen Sinn, in seinem Ebenbild und in Gottes Ebenbild geschaffen, wie es im ersten Kapitel Genesis heißt, hat er wie Gott die Freiheit als schöpferische Eigenschaft bekommen. Zu werden „wie Gott“ ist ihm als Möglichkeit gegeben, die ihren Ausdruck in der menschlichen Handlungsfähigkeit findet, das Gute wie auch das Böse zu wählen; Imitatio Dei zu praktizieren durch seine menschlichen Eigenschaften, die göttlichen Eigenschaften der Liebe und der Strenge, der Anwesenheit und der Abwesenheit, die in der Schöpfung vorhanden sind, zu erkennen und zu bestätigen. In dieser Weise kann der Mensch aus jüdischer Sicht die Welt in ihrer Zweidimensionalität erfahren. Als Außen und Innen. „Erinnern“ ist die Erfahrung, welche dieses

Außen und Innen, das Allgemeine und die Ausnahme aufnimmt und vermittelt.

So wird „Geschichte“ auch in ihrem doppelten Sinn gesehen als gelebte und als erlebte Zeit; als die kollektive Erfahrung der ganzen Menschheit und als die Erfahrung des jüdischen Volkes in seinem „Ausnahmezustand“. Dieser „Zustand“ öffnet den Weg für den Einzelnen, „Geschichte“ als „Geschichte mit Gott“ zu erleben, d. h. als Gottesbegegnung in der Geschichte im Äußeren, in der Welt, und im Inneren, in der Seele des Menschen.

„In seinem Ebenbild und im Gottesebenbild männlich und weiblich hat er sie geschaffen“ (Gen. 1:27). In diesem Zusammenhang ist es wichtig zu betonen, daß erst durch die Schöpfung der Frau – das Innen wird zum Außen, das Unsichtbare zum Sichtbaren – der Mensch einen Namen für sein Ebenbild findet, und so die Sprache überhaupt. Davor gab es nichts in der Welt, was er sein Ebenbild nennen konnte, und erst durch den Anblick der *Ischa* (der Frau), die Gott aus seinem Inneren geformt hatte, erkennt er sich als *Isch* (als Mann) und so sein göttliches Ebenbild. In den Worten einer alten rabbinischen Überlieferung: „Bis dahin gab es Adam aus der Erde und Eva aus Adam, und jetzt gibt es keine Ischa ohne einen Isch und keinen Isch ohne eine Ischa und beide nicht ohne die *Schechina*" (hebr. für die Einwohnung Gottes in der Welt).

Zeit wird so erfahren als Begegnung und Beziehung, die eben erst im Moment des Geschehens erkannt werden kann. Sie wird also nicht als Anfang oder Ende erfahren, sondern immer als Mitte der Zeit, im Augenblick des Erinnerns, wenn das Neue im Innern erkannt wird in seiner Einmaligkeit in einer *et razon* (hebr. wörtlich: Zeit des Willens) – als „Gunst der Stunde". Diese „Willenszeit" ist der Augenblick, in dem der Wille Gottes und der Wille des Menschen zusammenfallen, beide sich für dasselbe entscheiden. Der nach Gottes Vorbild geschaffene Mensch besitzt eine Gott ähnliche Eigenschaft: die freie Entscheidung. Es ist nämlich eben der Bruch in dem normalen Zeitverlauf, der Bruch der „Normalität", der den Ausnahmezustand hervorbringt. Dieser erst ermöglicht die Kontinuität, die „lebendige" Zeit des Menschengeschlechts. Das Verbot, sich ein Abbild von Gott zu machen und seinen Namen zu verwenden, ist eine der Grundlagen der jüdischen Tradition. Sie trägt so eine besondere Einsicht in sich, die bis zum heutigen Tag von höchster Bedeutung ist. Sie besagt, daß Gott kein Ding ist und daher weder durch einen Namen noch durch ein Bildnis dargestellt werden kann. Das Dasein – Gottes Name, das Tetragram JHWH bedeutet „Sein“ schlechthin und darf daher auch nicht ausgesprochen werden – kann eben nicht völlig in Sprache aufgehen; es benötigt die menschliche Begegnung in seiner Ganzheit, eine Begegnung von Mensch zu Mensch, als Erfahrung. So sind in der Bibel Gottesbild und Menschenbild eng miteinander verbunden. Gott ist eben keine Realität an sich, sondern gewinnt seine Konturen in der menschlichen Erfahrung von Gott, wie auch jeder Begriff, sobald er von der Realität getrennt wird, seine Realität verliert und sich in ein Kunstgebilde des menschlichen Geistes verwandelt. Ein Begriff kann eben die Realität nicht ersetzen, niemals die Erfahrung adäquat zum Ausdruck bringen, nur auf sie hinweisen. Dieser Hinweis deutet nur eine Richtung an, nie das Ziel selbst, und so ist auch einer der biblischen Gottesnamen *El*, das im Hebräischen einfach „zu“ bedeutet.

II.

Aus den vorangehenden Überlegungen geht hervor, daß wir das Thema Bruch und Kontinuität unter drei Aspekten betrachten können: *Sprache*, *Geschichte* und *Mensch*, die, wie wir sehen werden, eng miteinander verknüpft sind.

Wir wollen diese Aspekte nun vertiefen und einen Blick werfen auf drei moderne jüdische Denker, die jeweils einen dieser Aspekte in den Mittelpunkt ihres Diskurses gestellt haben: Franz Rosenzweig, Walter Benjamin und Emmanuel Levinas.

Franz Rosenzweig und die Sprache

Im 20. Jahrhundert knüpft der Philosoph Franz Rosenzweig an den berühmten mittelalterlichen Dichter und Denker Jehuda Halevi, der als Reaktion auf die jüdische Scholastik eine prophetische Philosophie entwickelt hatte, an und versucht in einem Bruch mit dem deutschen Idealismus in seinen Grundzügen die Philosophie vor ihrem eigenen Untergang zu retten. Das Werk Rosenzweigs ist ein großartiger Versuch, Philosophie und Theologie vor der Gefahr der Abstraktion zu bewahren und Denken und Erfahrung in einen neuen Zusammenhang zu setzen. Es ist, nach Rosenzweig, die Aufgabe des Menschen, das Verhältnis von Gott, Mensch und Welt zu konstituieren und in Sprache umzusetzen. Dieses Verhältnis ist abgebrochen, und eine neue Kontinuität des Denkens ist notwendig geworden.

In seinem Nachwort zur deutschen Übersetzung einer Auswahl von Hymnen und Gedichten von Jehuda Halevi betont Rosenzweig, daß es sich für ihn hier nicht um ein „Nachdichten“ handelt, nicht darum, „das

Fremde einzudeutschen, sondern das Deutsche umzufremden".[6] Dies erscheint ihm notwendig, soll der Dichtung Jehuda Halevis in ihrer Sprache der fremde Ton nicht genommen werden.

„Die schöpferische Leistung des Übersetzens kann nirgends anders liegen als da, wo die schöpferische Leistung des Sprechens selber liegt ... Wer etwas zu sagen hat, wird es neu sagen. Er wird zum Sprachschöpfer. Die Sprache hat, nachdem er gesprochen hat, ein andres Gesicht als zuvor. Der Übersetzer macht sich zum Sprachrohr der fremden Stimme, die er über den Abgrund des Raumes oder der Zeit vernehmlich macht."[7]

Rosenzweig wendet sich vom deutschen Idealismus ab, der „Welt" auf das wahrnehmende Ich zurückführt. In der Annahme, daß die Welt etwas anders ist, als sie zu sein scheint, fragt diese Philosophie nach „dem Wesen" der Dinge, um festzustellen, was sie „eigentlich" seien. – Rosenzweig dagegen weist die Erfahrung von Welt auf die Welt, die Erfahrung von Gott auf Gott zurück und erkennt, im Gegensatz zum Idealismus, die Welt, den Menschen und Gott als drei selbständige Elemente der

Wirklichkeit, in deren Verhältnis Wirklichkeit sich zeigt. Rosenzweig wehrt sich auch vehement gegen die Gleichsetzung des historischen Deutschtums mit dem meta-historischen Judentum – eine von seinem Lehrer Hermann Cohen vertretene Meinung – und überträgt den Unterschied zwischen den beiden auf den Unterschied zwischen Idee und Wirklichkeit im philosophischen Bereich, die sich dem Vergleich verweigern. „Zwischen der Idee die wirkt und der Wirklichkeit an der sie wirkt gibt es keinen Vergleichspunkt. Ideen unter sich, Wirklichkeiten unter sich mögen verglichen werden; zwischen Idee und Wirklichkeit schlägt ein Vorgang die Brücke; nur am Vorgang kann hier die Erkenntnis einsetzen".[8]

Das Neue Denken Rosenzweigs will zeigen, daß die Gesetze des Denkens nicht identisch sind mit den Gesetzen der Wirklichkeit. Weil der Denker kein abstraktes Wesen ist und persönlichen Anteil an der Frage wie an der Antwort hat, ist sein Denken existentiell bezogen und kann weder vorgefaßte Begriffe benutzen, noch sich auf vorbestimmte Ziele zubewegen, wie die Philosophie es praktiziert. Auch „Gott“ ist von der Erfahrung nicht als Gegenstand gegeben.

„Denn die Erfahrung weiß ja nichts von Gegenständen; sie erinnert sich, sie erlebt, sie hofft und fürchtet. Allenfalls den Inhalt der Erinnerung könnte man als Gegenstand verstehen; das wäre dann eben ein Verstehen, und nicht der Inhalt selbst.“[9] An die Stelle des abstrakten, reinen und zeitlosen Denkens, wie es die frühere Philosophie ausgebildet hat, tritt im Neuen Denken Rosenzweigs die Methode des Sprechens.

„Sprechen ist zeitgebunden zeitgenährt; ... es läßt sich seine Stichworte vom andern geben. Es lebt überhaupt vom Leben des anderen ... Im wirklichen Gespräch geschieht eben etwas; ich weiß nicht vorher, was mir der andre sagen wird ... Der Denker weiß ja eben seine Gedanken im Voraus ...“[10]

Der „Sprachdenker“ kann nichts vorausberechnen; er muß warten können, da er vom Wort des anderen abhängig ist: Er braucht Zeit.

„Sprechen ... heißt zu jemandem sprechen und für jemanden denken; und dieser jemand ist immer ein ganz bestimmter jemand und hat nicht bloß Ohren wie die Allgemeinheit, sondern auch einen Mund."[11]

Rosenzweig verbindet hier Zeit und Sprechen. Der Sprecher muß seine Rede unterbrechen, d. h. seine Redezeit unterbrechen und sich auf ein ganz anderes Zeitmaß, das des Hörers, einstellen, der an seiner Stelle zum Sprecher wird. Dessen Zeit aber kann er nicht vorausberechnen. Auf zeitlicher Ebene heißt dies, daß er nicht weiß, wann und für wie lange er unterbrochen werden wird, und auf der inhaltlichen, daß er nicht weiß, was der andere sagen wird. Damit wird eine neue Zeitdimension und zugleich eine neue Realität sichtbar, die sich erst im Gespräch eröffnet: „Im wirklichen Gespräch geschieht etwas".

Rosenzweig ist es um die Erwartung dieses Geschehens zu tun und um die Erfahrung des lebendigen Gespräches.

Sein Suchen führt ihn zum Judentum: „Das jüdische ist meine Methode, nicht mein Gegenstand";[12] es ist eine neue Methode des Denkens, für die er die alten Worte des klassischen Judentums als passend erkennt, weil er

„das neue Denken in diesen alten Worten empfangen“ hat.

Rosenzweig nennt dann auch sein Hauptwerk, *Der Stern der Erlösung,* geschrieben während des Ersten Weltkrieges in den Schützengräben im Balkan, „ein jüdisches Buch: nicht eins, das von ‚jüdischen Dingen‘ handelt ... ; sondern eins, dem für das, was es zu sagen hat, und gerade für das Neue, was es zu sagen hat, die alten jüdischen Worte kommen. Jüdische Dinge sind, wie Dinge überhaupt, stets vergangen; jüdische Worte aber haben, ob auch alt, teil an der ewigen Jugend des Worts ...“[13]

Die Sprache der religiösen Erfahrung, die es zu entdecken gilt, nicht um die Religion, sondern um die Philosophie zu retten, findet Rosenzweig in der Offenbarungssprache der Bibel, in ihren vorbegrifflichen, literarischen Genres. Sie benutzt eine „Methode des Erzählens“.

„Was heißt denn erzählen?“, fragt Rosenzweig. „Wer erzählt, will nicht sagen, wie es ‚eigentlich‘ gewesen, sondern wie es wirklich zugegangen ist ... Der Erzähler will nie zeigen, daß es eigentlich ganz anders war – es ist geradezu Kennzeichen des schlechten, begriffsversessenen oder sensationslüsternen, Historikers, darauf auszugehen –, sondern er will zeigen, wie das und das, was als Begriff und Name in aller Mund ist ..., eigentlich geschehen ist. Auch ihm löst sich da etwas bloß Wesenhaftes, ein Name, ein Begriff, auf, aber nicht in ein andres ebenso nur Wesenhaftes, sondern in seine eigene Wirklichkeit, genauer in seine eigene Verwirklichung ... Die Zeit nämlich wird ihm ganz wirklich. Nicht in ihr geschieht, was geschieht, sondern sie, sie selber geschieht."[14]

Im Erzählen wird die Zeit zur Wirklichkeit. Im Munde des Erzählers wird das Ereignis herausgerissen aus der Vergangenheit und in die Gegenwart gerückt. Als Erzähler bewirkt der Mensch seine eigene Verwirklichung – er bekommt einen Namen und erlöst dadurch sich selbst und die Geschichte aus ihrer Anonymität: Er schreibt die Geschichte und wird so in die Geschichte eingeschrieben, dadurch, daß er die Geschichte als seine eigene benennt. Sie ist nun nicht mehr die Geschichte von anderen, die ihm fremd ist, sondern im Antlitz der Geschichte erkennt er sein eigenes „Menschsein".

Das Epos der Bibel ist deswegen Erzählung in dem Sinne, daß es immer wieder erzählt werden muß. Es ist nicht eine Geschichte der Vergangenheit, sondern die Vergangenheit wird Gegenwart des Vergangenen im Munde des Erzählers, der sie verwirklicht.

Die Trennung zwischen Gott, Mensch und Welt, so erklärt Rosenzweig im *Stern der Erlösung*, erlaubt es uns, alle drei in ihrer Wirklichkeit zu erfahren. Diese Wirklichkeit wird aber, paradox, erst in ihrer Beziehung deutlich, allerdings nicht als sichtbarer Gegenstand: „Sichtbar ... wird ihr wechselweises Aufeinanderwirken."[15] Diese Erkenntnis finden wir in der biblischen Erzählung, die durch die Mündlichkeit ihrer Sprache den ursprünglichen Dialog zwischen Mensch und Gott wiederholt. Die Bibel reflektiert eben nicht über Gott, sondern schafft einen Dialog zwischen zwei „Denkern", die sich durch ein lebendiges Gespräch miteinander auseinandersetzen müssen. Der Bezug zwischen den beiden ist kein abstrakter, sondern er braucht das Gespräch, um verstanden zu werden. Kein Wissen um Gott wird in der Bibel vermittelt, sondern der Zweifel an seiner Existenz ist das Hauptthema des Buches. Dieses „vielleicht“ ist in vielen Hinsichten viel leichter als jede philosophische Auseinandersetzung über die Existenz Gottes, wiegt aber viel schwerer, da in jedem Dialog die Existenz in Frage gestellt wird.

„Die Schriftlichkeit“, so Rosenzweig, „legt sich nur wie ein leichtes Gewand über sie; im Augenblick, wo die Psalmen gebetet, die Gesetze befolgt, die Prophetien geglaubt werden, verlieren sie sofort ihre monologische Stummheit, kriegen Stimme und rufen den ewigen Partner zum Dialog: den hörenden Menschen, den erhörenden Gott.“[16]

Was Rosenzweig hier über die Bibel sagt, hält er für eine allgemeine Wahrheit. „Alles Wort ist gesprochenes Wort“, sagt Rosenzweig. „Das Buch steht ursprünglich nur in seinem, des gelauteten, gesungenen, gesprochenen Dienst ...“[17]

In der Bibel findet Rosenzweig ein Buch, das im Dienst der Mündlichkeit steht. Es muß laut gelesen und kommentiert werden. Die Bibel ist in dem Sinne Heilige Schrift, daß sie das gesprochene Wort Gottes in seiner Verschriftlichung zum Ausdruck bringt in einer Schrift, die aber erst in der Begegnung mit dem Leben das Leben des Volkes und des einzelnen bewahrt. „Das Buch ist kein erreichtes Ziel, auch kein vorläufiges",[18] betont Rosenzweig, für den das Leben ein ständiges Gespräch zwischen Gott, Mensch und Welt ist, das immer weitergeht und nie sein Ziel erreicht. Das letzte Wort im *Stern der Erlösung* war „ins Leben", das, was Rosenzweig ein „Nichtmehrbuch" nannte.

Walter Benjamin im Sturm der Geschichte

Die geistige Nähe zwischen Rosenzweig und Benjamin in ihrer Suche nach jüdischen Wurzeln wird unter anderem deutlich am Ende von Benjamins Aufsatz über *Die Aufgabe des Übersetzers.* „Es gewährt es jedoch kein Text außer dem heiligen, in dem der Sinn aufgehört hat, die Wasserscheide für die strömende Sprache und die strömende Offenbarung zu sein. Wo der Text unmittelbar, ohne vermittelnden Sinn, in seiner Wörtlichkeit der wahren Sprache, der Wahrheit oder der Lehre angehört, ist er übersetzbar schlechthin. Nicht mehr freilich, um seinet-, sondern allein um der Sprachen willen".[19] Walter Benjamin erkennt am Ende seiner Ausführungen, daß der „Sonderfall", der „Ausnahmezustand" des heiligen Textes den Schlüssel zum Verständnis der Übersetzbarkeit sprachlicher Texte überhaupt in sich birgt. Buchstaben sprechen nicht. Hermeneutik läßt aus dem „Text, dem Gewebe der Zeichen und der grammatischen Funktionen, immer neu das lebendige Wort entstehen. In diesem Sinne erschafft sie ihren Gegenstand erst. Abgeleitet zu sein und doch das, wovon sie abhängt, immer wieder ins Leben zu rufen. Franz Rosenzweig hatte die Relation zwischen Original und Übersetzung als Lebensbezug beschrieben. Steht die Übersetzung im „Lebensbezug" zum Original, bringt sie etwas von seinem „Wesen" zum Ausdruck; ist Ausdruck des Lebens, das sich nicht objektivieren läßt, das sich in keinem einzelnen Element fassen läßt, noch die Summe der Einzelelemente ist und doch das ganze Werk konstituiert. Das Werk ist lebendige Ganzheit in geschichtlicher Offenheit. Die einzelne Übersetzung teilt etwas vom Leben des Werkes mit, indem sie einen neuen Aspekt seines geschichtlichen Daseins entfaltet. Dazu Benjamin: „So dürfte von einem unvergeßlichen Leben oder Augenblick gesprochen werden, auch wenn die Menschen sie vergessen hätten. Wenn nämlich deren Wesen es forderte, nicht vergessen zu werden ...“[20]

Erkennen wir einen Augenblick als unvergeßlich, so sprechen wir ihm ein Dasein zu, das nicht in jedem Moment mit den äußerlich feststellbaren Konturen dieses Daseins – der Zeitgrenze, der Raumgrenze – zusammenfällt. D. h. wir sprechen ihm „Geschichte“, die Intention zu leben und weiterzuleben, zu. So verbinden sich das Profane und das Heilige in der Gegenwart und öffnen die Möglichkeit für die Zukunft. In der biblischen Erzählung ist der Gott, der die Welt geschaffen hat, derselbe, der sich aktiv an der Geschichte des Volkes beteiligt, der in die Geschichte eingreift und das Volk nolens volens aus dem Sklavenhaus Ägypten befreit.

Am Ende des Buchs Deuteronomium lesen wir: „Denn frage doch nach bei frühen Tagen, die vor dir waren, nach dem Tag, da Gott einen Menschen schuf auf der Erde nach vom Rande des Himmels bis zum Rande des Himmels, ob etwa geschah, wie dies großes Ding, oder ob etwas gehört ward wie es.“ (Dt. 4:32) Dies ist die Beschreibung, die Moses dem Volk als Abschiedsrede gibt. Zeit und Ewigkeit fallen hier zusammen, es bedeutet einen Bruch mit der linearen Zeit, einen Bruch mit der Zeit überhaupt, einen Ausbruch aus der Geschichte, der den Einbruch in die Geschichte als Kontinuität erlaubt.

In der Bibel wird der Offenbarungsmoment am Berge Sinai beschrieben als ein „Sehen der Stimmen“. Sehen und Hören werden hier nicht verwechselt, verwirrt, wie manche moderne Kommentare sagen, sondern das äußerliche Hören resultiert aus einem innerlichen Sehen. Dadurch kann das Volk die Geschichte, die jetzt durch Mose wiedererzählt wird, „gehört wird“, übersetzen in ein Sehen, nicht ein Sehen der Gegenwart (die Zeit des Deuteronomium), sondern der Gegenwart am

Berge Sinai, also erinnern und so „aufs neue sehen". Die Erfahrung am Sinai wird so in die Gegenwart „übergesetzt". Walter Benjamin wendet den alten metaphysischen „Wesens"-Begriff, der die Offenbarungserfahrung ersetzen sollte, ins Geschichtliche. Übersetzbarkeit ist für Benjamin der lebendige Impuls, der das Werk erst als ganzes konstituiert, gerade weil er über den Korpus die faktische Grenze des Werks verdrängt. Wie sich die Übersetzung dem faktischen Dasein des Verbs verdankt, so verhilft sie ihrerseits dem Werk zum geschichtlichen Weiterleben. Was der hermeneutische Zirkel im erkenntnistheoretischen Sinn formuliert, faßt Benjamin unter dem Paradigma geschichtlicher Wirklichkeit. Das „Wesen" eines Gegenstandes legt sich in seinem geschichtlichen Dasein aus. Die Geschichte ist der umfassende Begriff. Erst in ihr – im Überleben – kommt der Begriff des individuellen Lebens zu seinem Recht. So ist die „Gunst der Stunde" eine Perle im Glied einer Kette, die das Leben zusammenhält. Der Augenblick, wo das Leben über seinen zeitlichen Dimensionen in die Ewigkeit herausragt. Wie der Korpus des Textes, so verkörpert der Mensch diese Dimension, der Mensch, der in seiner Stunde seine Entscheidung für sich und so für die Ewigkeit trifft.

In dieser Welt aber ist der Mensch nie ganz zu Hause, und aus dieser Heimatlosigkeit wächst die Idee der Erlösung aus der Zeit hin zur Ewigkeit. Übersetzen heißt für Benjamin, in beiden Zeitdimensionen zu leben. Sein geistiger Weg ist gekennzeichnet durch die Tatsache, daß er den ganzheitlichen Sinn im Detail, im Bruchstück, sucht. Praktisch bedeutet dies, daß er die systematische Philosophie aufgibt, um sich der Kommentierung großer Werke zu widmen, seine Lust am Sammeln auf das Gebiet der Zitate verschiebt, als Flaneur „auf dem Asphalt botanisieren geht",[21] um in der Gestalt des „Engels der Geschichte" ein Motiv für die letztendliche Bedeutung des Menschen auf Erden zu finden.

Benjamin ist auf der Suche nach einem verlorenen Kanon, nach Bruchstücken einer Tradition, die verlorengegangen ist. Dieser Kanon kann nur durch eine neue Anordnung der gesammelten Zitate wiederhergestellt werden. Der Mensch als Flaneur in der modernen Welt ist noch fähig, das Verlorene in die Gegenwart zu übersetzen, um so die Flut des Fortschrittes aufzuhalten. Er plädiert für eine neue Geschichtsschreibung. „Der Chronist“, so heißt es in der dritten These über den Begriff der Geschichte, „welcher die Ereignisse hererzählt, ohne große und kleine zu unterscheiden, trägt damit der Wahrheit Rechnung, daß nichts, was sich jemals ereignet hat, für die Geschichte verloren zu geben ist. Freilich fällt erst der erlösten Menschheit ihre Vergangenheit vollauf zu. Das will sagen: erst der erlösten Menschheit ist ihre Vergangenheit in jeder ihrer Momente zitierbar geworden. Jeder ihrer gelebten Augenblicke wird zu einer *citation a l'ordre du jour* – welcher Tag eben der jüngste ist.“[22] Es geht Benjamin darum, in jedem Augenblick eine entscheidende Dimension zu. entdecken. Das ist für ihn die Aufgabe des Historikers, und nicht eine blinde Aufzählung der Vergangenheit. „Die Geschichte ist Gegenstand einer Konstruktion, deren Ort nicht die homogene und leere Zeit sondern die von Jetztzeit erfüllte bildet.“[23] Diese Jetztzeit gilt es wieder zu entdecken; Momente eines Geschichtsbewußtseins, die in

Europa verlorengegangen sind. Benjamin sucht eine Gegenwart, in der die Zeit einsteht, zum Stillstand gekommen ist, einen Zeitraum, der die Gegenwart ist, in der er für seine Person Geschichte schreibt. Es geht ihm darum, das Kontinuum der Geschichte aufzusprengen,[24] um so die Konstellation zu erfassen, in die seine eigene Epoche mit einer ganz bestimmten früheren getreten ist. [25]

Diese Verknüpfung des Neuen mit dem Alten liegt der jüdischen Hermeneutik als Geschichtsschreibung zu Grunde. Sie ist eine Hermeneutik der Umkehr, in der sich die Vergangenheit und ihre Quellen sozusagen umkehren. Die Quellen suchen den Menschen und sind Zeuge gegen ihn in seiner historischen Gegenwart, verwandeln das Dasein in Schrift.

Diese Möglichkeit ist schon in der Bibel angedeutet, vielleicht am deutlichsten am Ende der Abschiedsreden von Moses im Deuteronomium: „Und es geschah, als Mose fertig war, die Worte dieser Thora in einem Buch aufzuschreiben in ihrer Vollständigkeit, da gebot er den Leviten, die die Lade des Bundes Gottes trugen, und sprach: Nehmet das Buch dieser Thora und legt es neben die Lade des Bundes Gottes, daß es dort ein Zeuge sei gegen dich. Denn ich kenne deinen Aufstand und deine Halsstarrigkeit: Siehe jetzt schon, während ich noch bei euch lebe, seid ihr aufständig gegen Gott; wieviel mehr nach meinem Tod. Versammelt vor mir all die Ältesten eurer Stämme und eure Amtsleute, daß ich diese Worte vor ihren Ohren rede und Himmel und Erde gegen sie als Zeuge nehme." (Dt. 31: 24-28) Mose bereitet das Volk vor auf die Stunde, wenn er kein Bindeglied mehr sein wird zwischen Gott und dem Volk Israel. Die Worte der Thora werden Zeuge sein gegen den Menschen in seiner historischen Situation, Texte die den Menschen herausfordern zu einer Antwort, nicht Texte, die über eine Vergangenheit reden, die weit weg liegt. So lange Himmel und Erde bestehen, werden Himmel und Erde als Zeuge da sein.

Dies ist eine Tradition, die nicht nur das Judentum, sondern auch das Abendland geistig geprägt hat und bis zum heutigen Tag eine Quelle der westlichen Literatur ausmacht, die es wieder zu entdecken gilt. So erinnert Walter Benjamin in den dreißiger Jahren daran, daß die

Krise der deutschen Bildung damit zusammenhängt, daß die „ihre wichtigste Aufgabe – mit der sie als ‚Schöne Wissenschaft‘ ins Leben getreten ist, – die didaktische nämlich, ganz aus den Augen verloren hat". Er plädiert dafür, daß die Monographie nicht nur mit den Gestalten und Problemen ringen soll, sondern vor allem mit den Werken.

„Deren gesamter Lebens- und Wirkungskreis hat gleichberechtigt, ja vorwiegend neben ihre Entstehungsgeschichte zu treten; also ihr Schicksal, ihre Aufnahme durch die Zeitgenossen, ihre Übersetzungen, ihr Ruhm ... Denn es handelt sich ja nicht darum, die Werke des Schrifttums im Zusammenhang ihrer Zeit darzustellen, sondern die Zeit da sie entstanden, die Zeit, die sie erkennt – das ist die unsere – zur Darstellung zu bringen. Damit wird die Literatur ein Organon der Geschichte und sie dazu – nicht das Schrifttum zum Stoffgebiet der Historie zu machen, ist die Aufgabe der Literaturgeschichte."[26]

Die rabbinische Hermeneutik ist von ähnlichen Gedanken geprägt. Sie ist weniger interessiert an einer Rekonstruktion der Vergangenheit als an einer Konstruktion einer glaubenswürdigen Gegenwart als Lehre für die Zukunft. Sie benutzt weder eine historisch-kritische noch eine systematische Methode, sondern eine traditionsstiftende: nicht was empfangen wird, kann je mit Sicherheit festgestellt werden; was weitergegeben wird an die nächste Generation, ist jedoch von höchster Bedeutung, um die Zukunft zu ermöglichen. Himmel und Erde sind Zeichen für und gegen den Menschen in einer Welt, aus der sich Gott zurückgezogen hat.

Benjamin hat auf seine Weise versucht, diese Zukunft zu bewahren. Wie der Engel der Geschichte hat er sein Antlitz der Vergangenheit zugewendet, und wie er sieht Benjamin die Trümmerhaufen des Fortschritts. Er kann nicht zurück, da der Sturm nach vorne zu stark ist: die Zeit ist eben nicht aufzuhalten und das Zerschlagene ist nicht zusammenzufügen.[27] Benjamin wendet sich hier kritisch dem Fortschrittsglauben zu, den er aus drei Gründen verwirft:[28] erstens, daß er ein Fortschritt der Menschheit selbst sei, daß er zweitens unabschließbar und drittens unaufhaltsam sei. Benjamin erklärt alle drei als kontrovers und verwirft sie: „Die Vorstellung eines Fortschritts des Menschengeschlechts in der Geschichte ist von der Vorstellung ihres eine homogene und leere Zeit durchlaufenden Fortgangs nicht abzulösen. Die Kritik an der Vorstellung dieses Fortgangs muß die Grundlage der Kritik an der Vorstellung des Fortschritts überhaupt bilden.“[29]

Gegen den Fortschrittsglauben, der gekettet bleibt an den Fortgang der leeren und homogenen Zeit wo ein Tag es dem anderen sagt, eine Nacht der anderen kund tut, wie es im ersten Teil des 19. Psalms heißt, wo die Naturwelt als stumme, starre Wirklichkeit dargestellt wird, stellt Benjamin, wie auch dieser Psalm, die Thora als Grundlage einer Weltanschauung, die den Menschen das Eingedenken lehrt.

„Sicher wurde die Zeit von den Wahrsagern, die ihr abfragten, was sie in ihrem Schoße birgt, weder als homogen noch als leer erfahren. Wer sich das vor Augen hält, kommt vielleicht zu einem Begriff davon, wie im Eingedenken die vergangene Zeit ist erfahren worden: nämlich ebenso. Bekanntlich war es den Juden untersagt, der Zukunft nachzuforschen. Die Thora und das Gebet unterweisen sie dagegen im Eingedenken. Dieses entzauberte ihnen die Zukunft, der die verfallen sind, die sich bei den Wahrsagern Auskunft holen. Den Juden wurde die Zukunft aber darum doch nicht zur homogenen und leeren Zeit. Denn in ihr war jede Sekunde die kleine Pforte, durch die der Messias treten konnte.“[30]

So findet Benjamin die Lösung bei den Juden, nicht aber die Erlösung: auf dem Weg in die Freiheit wählt er den Tod und nicht ein Leben, dessen Eingedenken er nicht zu ertragen vermochte ...

Emmanuel Levinas – Differenz im Antlitz des Anderen

Nach dem Bruch im europäischen jüdischen Denken ist es der französische Philosoph Emmanuel Levinas, der sich um ein Kontinuum bemüht. Er plädiert für eine Zurückgewinnung des Ontologischen, nicht als ein Jenseits des Seins, sondern in einem Denken, welches ein

Erwecktwerden durch das Antlitz des Anderen ist, durch die Forderung also, die der Andere an mich stellt. Betroffenheit von der Transzendenz bedeutet für Levinas nicht ein Dasein, welches dem Sein unterworfen und ausgeliefert ist, sondern als Ereignis, welches seinen Ausdruck findet in der Einmaligkeit des Ich, „die Unmöglichkeit bedeutet, sich dem Anderen zu entziehen. Solange es keinen Anderen gibt, kann man weder von Freiheit noch von Unfreiheit sprechen, gibt es noch keine Identität der Person, die eine Identität des ‚Ununterscheidbaren' ist, im Inneren dessen, der um so einmaliger ist, je weniger er sich dem Anderen entziehen kann. Das Mich-nicht-entziehen-Können ist genau das Kennzeichen der Einmaligkeit in mir: die erste Person bleibt erste Person selbst dann, wenn sie sich empirisch entzieht".[31] Und etwas weiter heißt es: „Ich spiele nicht auf das Gefühl der Sünde an, um zu sagen, daß man in diesem Gefühl der Sünde bezeugt, daß man *für den Andern ist*; ich will sagen: man ist ausgeliefert, weil man Ich ist".[32]

Das Individuum wird erst zum Individuum in der Begegnung mit den Anderen, noch vor jeglicher ethischer Kategorie – wir werden hier erinnert an die Schöpfungsgeschichte in Genesis, wo der Mensch, als Gottesebenbild geschaffen, seine Identität als Mann und Frau erst findet, wenn *Isch* (Mann) der *Ischa* (Frau), die ihm Gott aus seinem Inneren geschaffen hat, begegnet. Erst dann kann er die Welt benennen, bewerten.

„In diesem Sinne ist das Ich absolut nicht begrifflich zu konstruieren. Zwar gibt es in der Erkenntnis Rückkehr vom Ich zu sich selbst, doch wenn es im Bewußtseinsstrom ein Zentrum gibt, zu dem hin die Rückkehr möglich ist, so stammt der Knoten dieser Rückkehr aus einer anderen Verflochtenheit. Durch das Ethische, durch die Emphase meiner Verpflichtung bin ich Ich". [33]

So verwandelt Levinas die „Geworfenheit" Heideggers, die Ausgeliefertheit des Ich an das Sein, welches nur als Dasein zu haben ist, als Jemeinigkeit, das nämlich das Dasein zu sein hat, in eine „Verpflichtung" gegenüber dem Anderen als Kategorie des eigenen Ich. Es geht Levinas weniger um die Frage, was der Andere für ihn tun kann, als vielmehr um die Verantwortlichkeit für den Anderen, die „in mein Ich eingeschriebene, als Ich eingeschriebene – Stellvertretung. Der Andere kann sich ein-setzen für wen er will, nur nicht für mich. Wahrscheinlich“, so fährt Levinas fort, „ist dies sogar der Grund, weshalb wir zahlreich sind in der Welt. Wenn ich, anstatt mich an die Stelle der Anderen zu setzen, darauf warte, daß ein Anderer sich an die meine setzt, so wäre dies moralisch verdächtig, doch mehr noch, es würde jegliche Transzendenz zerstören. Man kann sich für die Stellvertretung nicht vertreten lassen, so wie man sich auch für den Tod nicht vertreten lassen kann“.[34]

Wir begegnen hier dem jüdischen Kern der Philosophie Levinas', der im Gott-Mensch-Verhältnis den Kern der Frömmigkeit sieht. Hier gibt es keinen Stellvertreter. Jeder Mensch steht in seiner Individualität und in seiner Freiheit vor Gott, und es ist der Andere, der ihm die Suche zu Gott darstellt ein „Zu-Gott“, wodurch es möglich wird, die Zeit vom Anderen her zu erörtern. Es ist eine Zeit, die als Beziehung gelebt wird, was „in seiner Differenz mir nicht indifferent sein kann“.[35]

Die Beziehung zum Anderen ist für Levinas keine religiös-ethische Kategorie, sondern eine ontologische.

Es geht ihm nicht um ein Verstehen des Anderen, „Erkenntnis seines Charakters, seiner sozialen Position oder seiner Bedürfnisse".[36] Diese wären zu messen an einem Nicht-Verstehen. Nein, es fängt erst an, „wenn der Andere mich ganz in Beschlag nimmt (m'obsede – mir zu Besessenheit wird) oder mich in Frage stellt." Diese Situation ist eine völlig neue für das Individuum, es erzeugt ein Ich, welches das Objekt einer Intentionalität ist, die ihn anruft in einer Weise, in der niemand den Angerufenen ersetzen kann in seiner Verantwortung.

Das Persönliche und das Einmalige in der Beziehung zum Anderen, das nicht reduzierbar ist, wird hier von Emmanuel Levinas angesprochen. Die Einmaligkeit des Ich bedeutet die Unmöglichkeit, sich dem Anderen zu entziehen. Man kann weder von Freiheit oder Unfreiheit reden, solange es keinen Anderen gibt, keine Identität der Person. Sogar wenn ich mich meinen Verpflichtungen dem Anderen gegenüber entziehe, bleibe ich Ich: „Das Mich-nicht-entziehen-Können" ist für Levinas das Kennzeichen der Einmaligkeit des Menschen, der ersten Person. „Ich" bleibt sogar, wenn er sich entzieht. Das

„Ich“ kann sich so in seiner ethischen Dimension seine Handlungen an dem Anderen konstituieren: „Durch das Ethische, durch die Emphase meiner Verpflichtung, bin ich Ich“.[37]

Emmanuel Levinas ist beeinflußt von der Phänomenologie Edmund Husserls, der die Frage nach der Intentionalität des Denkens in den Mittelpunkt seiner Philosophie gerückt hatte. So betont er, daß „das Wissen durch sich selbst Beziehung zu einem Anderen des Bewußtseins ist“. Dies bedeutet, daß „das Meinen und das Wollen“ des Anderen Gegenstand des Bewußtseins ist. Das Wissen ist in erster Linie das Wissen vom Anderen (Adam wußte seine Frau: in der Bibel gibt es nur ein Wort für Wissen!). „Das „‚Das Wissen‘ des präreflexiven Selbstbewußtseins – weiß es im eigentlichen Sinn des Wortes?“, fragt Levinas.[38] Erst in der Begegnung mit dem Anderen fängt die Zeit des Bewußtseins an, dessen Vergangenheit ein Akt der Erinnerung herstellen kann.

Wir wollen nun kurz zwei Aspekte hervorheben, die für unser Thema von Bedeutung sind: erstens die Frage nach dem Tod des Anderen und zweitens die Frage nach der Verbindung zwischen Sein und Ethik. Beide werden eng miteinander verbunden und bilden, wie wir sehen werden, den jüdischen Kern der Philosophie Levinas'.

„Sein Seinrecht zu verantworten haben, nicht in bezug auf die Verallgemeinerung irgendeines anonymen Gesetzes, einer juristischen Abstraktion, sondern in der Furcht für die Anderen. Ist mein ‚In-der-Welt-Sein' oder mein ‚Platz an der Sonne', mein Zuhause, nicht bereits widerrechtliche Inbesitznahme von Lebensraum gewesen, der Anderen gehört, die ich schon unterdrückt oder ausgehungert, in eine Dritte Welt vertrieben habe: ein Zurückstoßen, ein Ausschließen, ein Heimatlos-Machen, ein Ausplündern, ein Töten?"[39]

Die Furcht für den Anderen, nicht vor dem Anderen, verwandelt das anonyme Gesetz in eine Verantwortlichkeit, die eben kein juristisches Prozedere ersetzen kann, da das Sein des Menschen vom Anderen her bestimmt wird und daher nie ein abstraktes Sein sein kann. Das Antlitz des Anderen ist für Levinas der Ort der Sinngebung. Das nackte Antlitz bedeutet eben die

Grenze des Menschseins, wo keine Flucht vor mir selbst, weder nach Innen noch nach Außen, möglich ist, es ist die letzte Station, „die Verletzung selbst". In diesem Augenblick ist der Mensch allein, wehrlos, ausgeliefert, seinem Tod ausgesetzt. Wie in vielen philosophischen Texten von Levinas steht auch hier der biblische Mythos im Hintergrund. Die beiden Protagonisten werden nicht beim Namen genannt, und doch wissen wir, daß es sich hier um den ersten Brudermord handelt. „Der erste Mörder kennt vielleicht noch nicht das Ergebnis des Schlages, zu dem er ausholt, aber seine Gewaltabsicht läßt ihn die Linie finden, auf der der Tod in nicht zu parierender Geradlinigkeit das Antlitz des Nächsten trifft ..."[40] Die Absicht ist bereits da im Ausdruck der Ausgesetztheit des Anderen, dessen Sterblichkeit noch vor jedem Wissen von dem Tod mich vor Gericht zitiert, mich herausfordert zu einer Antwort, „meine Sache" ist. Es betrifft mich, unmittelbar, ist die Antwort auf die erste Frage „Wo bist du, Mensch?" und Antwort auf die zweite „Bin ich denn meines Bruders Hüter?" Fragen, die im Antlitz des Todes keine Antwort bekommen können, da ich ja der Angeklagte und der Ankläger bin: Ich, der Täter und das Opfer. Fragen, die mich für den Tod des Anderen zur Verantwortung rufen, meine Existenz von seinem Tod abhängig machen, mein Leben durch den Tod des Anderen bedingen. „Der Tod des anderen Menschen stellt mich vor Gericht und in Frage, als ob ich durch meine eventuelle Indifferenz der Komplize dieses für den Anderen, der sich ihm aussetzt, unsichtbaren Todes würde; und als ob ich, noch bevor ich ihm selbst geweiht bin, diesen Tod des Anderen zu verantworten hätte und ich den Anderen in seiner tödlichen Einsamkeit nicht allein lassen dürfte. Gerade in dieser Erinnerung an meine Verantwortlichkeit durch das Antlitz, das mich vorlädt, das mich fordert, das mich beansprucht – in dieser Infragestellung ist der Andere Nächster."[41]

Das Antlitz des Nächsten ist in diesem Augenblick der Herausforderung das Antlitz Gottes, als dessen Ebenbild der Mensch geschaffen ist, und dies ist dann auch die Bedeutung des berühmten Satzes im dritten Buch Mose, Kapitel 19: „Liebe deinen Nächsten wie dich selbst, ich bin der Herr." Meistens wird nur der erste Teil dieses Verses als das Gebot der Nächstenliebe zitiert, der zweite Teil gehört aber ganz dazu, und Buber und Rosenzweig übersetzten daher treffend: „Halte lieb deinen Genossen dir gleich, Ich bins."

Levinas verbindet hier die Paradiesgeschichte – die Herausforderung an den Menschen durch sein Wissen um den Tod im Antlitz Gottes – und die Geschichte des ersten Brudermordes. Die erste ist die Konfrontation mit Gott, die zweite mit dem Anderen. Beide handeln vom Tod. Der Sinn des Todes ist aber jenseits der abstrakten Dialektik des Seins, er ist untrennbar von der Verantwortung gegenüber Gott und den anderen Menschen. Die Gewalt ist eben nicht auf die Vernichtung zu reduzieren, auch nicht auf die Schuld oder die Frage von Opfer und Täter. Sie betrifft in ihrer Konkretheit, „was für mich die unmögliche Preisgabe des Anderen" bedeutet, wo Verzicht Selbstverzicht bedeutet. Vernichtung des Anderen, Selbstvernichtung. Der Sinn des Todes beginnt und endet im Zwischenmenschlichen. „Wo bist du, wer hat dir gesagt, daß du nackt bist", sind eben keine Drohungen Gottes. Die Sterblichkeit des Menschen kann doch nicht in der Strafe für ein Verbot aufgehoben werden, genau so wie jede Strafe für einen Mörder ihn nicht von seiner Sterblichkeit erlösen kann, eine Sterblichkeit, die das Zeichen der Verantwortung für den Anderen trägt. Sie betrifft den Menschen in seiner Menschlichkeit, Einzigartigkeit, in seiner Berufenheit, vom Tod zu wissen und zu leben im Antlitz des Todes des Anderen, der ja sein Tod ist. „Die Furcht für den anderen Menschen kehrt nicht zurück zur Angst um meinen Tod", sagt Levinas.[42]

Es überschreitet das Sein-zum-Tode in einem ethischen Erwachen, so daß die Angst vor meinem Tod nicht umschlägt in einen Todesschlag gegen meinen Nächsten. Dies bedeutet, meinen wir, kein Ende des Seins, sondern ein Eingebettetsein in einer Empfindlichkeit – nicht einer Befindlichkeit, welche wiederum nur, eine abstrakte Kategorie wäre. Eine Empfindlichkeit, die nicht mit meiner Befindlichkeit, meinem Sein, sondern in meinem Empfinden, meiner Empathie für den Anderen aufgeht. Der Mensch – Adam – ist als Einzelner seiner Gattung, der Menschheit, geschaffen, und im Tod des Anderen begegne ich dem Tod von Millionen ...

So folgt in der Bibel auf die Geschichte von der Erkenntnis von Gut und Böse“ vom Wissen um den Tod, die Geschichte vom Tod in seiner nackten Realität. Kein Verbot, keine Warnung kann Kain retten, und am Zeichen auf seiner Stirn begegnet von nun an ein jeder dem Tod des Anderen als Furcht für den Anderen, als Furcht vor Gott. Abel ist tot, der Bruch ist da, aber Kains Leben geht weiter, eine Kontinuität ist geschaffen. Kain fürchtet um sein Leben, jemand könnte ihn umbringen – das Zeichen auf seinem Antlitz ist nun sein Schutz ...

Die Frage nach dem Menschen findet so bei Levinas seine Antwort in der Verantwortung für den Anderen, die in der Furcht für den Anderen seinen Ausdruck findet.

In diesem Zusammenhang bekommt der „Tod ist ein Meister aus Deutschland“ eine neue Bedeutung, die nicht in der Schuldfrage um Auschwitz aufgehen kann. Auch nicht in der Erinnerung an die 6 Millionen: In den Namen der Ermordeten sind ja die Namen der Mörder eingraviert als Gebot der Verantwortung. In den Worten von Levinas: „So wie das Gebot, durch das Gott in mein Denken einfällt, mir vom Antlitz des Anderen her bedeutet wird",[43] so fallen die Furcht für den Anderen und die Furcht für Gott zusammen. Im Anblick seines toten Bruders begegnet Kain nicht Gott, sondern sich selbst.

Wir kommen nun zu unserem letzten Punkt, einem, der für das wissenschaftliche Denken von großer Bedeutung ist. Die Verbindung, die Levinas zwischen Sein und Ethik schafft, hat unmittelbar mit dem Anderen zu tun. Die wesentliche Natur wird in der Sinngebung in Frage gestellt, und sie bekommt ein „Mehr an Bedeuten" eben durch das Antlitz des Anderen. Levinas gibt diesem „mehr" den Namen „Herrlichkeit", im Französischen „gloire", welches er so erklärt: „Was sich in dem Wort ‚gloire' andeutet ist die einzigartige Weise der Getrenntheit (Heiligkeit) des Unendlichen vom Endlichen, des Anderen vom Selben, der Ordnung des Seins von der Transzendenz; Differenz oder Heiligkeit einer Herrlichkeit, deren Unvergleichliches zugleich ‚positiv' bedeutet in der Positivität der Verantwortung ..., in der ich verantwortlich bin, schon bevor ich um die Verpflichtung dazu weiß und mich zu ihr entscheiden könnte ... in der ich *vor* dem Anderen *für* ihn verantwortlich bin".[44]

Levinas überträgt hier die rabbinisch-prophetische Deutung des hebräischen „kavod" (die Herrlichkeit Gottes) in die Sprache der Philosophie. Im Leben wird das Bewußtsein des Seins unterbrochen von dem Antlitz des Menschen. Die philosophische Schau wird geblendet von der Herrlichkeit des Lichts des anderen Menschen, welches jenseits von Sein und Tod ist. „Das Menschliche hinter dem Beharren im Sein!"[45]

So wird im Wunder „des im Antlitz des vom Nächsten" beanspruchten Ich die „ewige Rückkehr des Identischen zu sich selbst" unterbrochen. Eine „Unterbrechung seiner idealen Priorität, die alle Anderheit durch den Mord oder durch das vereinnahmende und totalisierende Denken negiert".[46]

Der Philosoph Emmanuel Levinas sucht als Jude und Philosoph den Anderen als Anhaltspunkt, den Mitmenschen, der die Zeit bricht, sie aber zugleich öffnet für die Ewigkeit durch die Krise des Seins, welche letztendlich die Krise des Ichs ist. In der Begegnung mit dem Anderen appelliert der Mensch eben nicht an die Ontologie, sondern an seine Innerlichkeit: „das Unrecht mehr zu fürchten als den Tod“.[47] Die „Bewegung“ der als Transzendieren zum Unendlichen, des ganz Anderen zeitigt sich so nicht auf eine lineare Weise, sondern macht einen Umweg (endet nicht im Tod), indem sie in das ethische Abenteuer des Verhältnisses zum anderen Menschen eintritt. Gottesbegegnung und Menschenbegegnung, Bruch und Kontinuität.

Schlußbemerkung

Wir haben versucht, Bruch und Kontinuität aus jüdischer Sicht zu erläutern. Die Sprache, die Geschichte und der Mensch waren die Themen, drei jüdische Denker die Wegweiser: Franz Rosenzweig vor dem Bruch, vor der Schoa, hatte zusammen mit Martin Buber versucht, die Sprache zu erneuern durch eine neue Bibelübersetzung,

Walter Benjamin wollte die Geschichte retten, ist aber in ihrem Sturm, im Bruch selbst umgekommen. Emmanuel Levinas führt uns in Europa nach der Schoah zu der letzten Station, zum Menschen, in der Hoffnung, daß es (doch) noch möglich ist, den Anderen wahrzunehmen.

Es ist fragwürdig, ob es überhaupt noch Sinn hat, Sinn in der Welt zu suchen, abgebrochene Traditionen neu zu beleben, für alte Fragen neue Antworten zu finden.

In seinen Vorträgen, gesammelt unter dem Titel *Das Erbe Europas*, beklagt der Philosoph Hans-Georg Gadamer die Tatsache, daß es einer der grundlegenden Züge Europas ist, eine Unterscheidung zu machen zwischen Philosophie, Religion, Kunst und Wissenschaft.[48] Dies ist der Grund, warum er sich neben theoretischen Schriften immer wieder poetischen Texten zuwendet, da ein „Kunstwerk, das gelungen ist", „immer ein gelungener Versuch der Einigung von Auseinanderfallendem" ist.[49] Ein Beispiel sieht Gadamer in der Dichtung von Paul Celan, der „aus Sinnfragmenten, Klangfragmenten, die wie Trümmer beinanderliegen, dennoch so etwas wie

Musik, ein neues Ineinanderspiel des Unvereinbaren hervorgehen zu lassen." Wenn der Leser in diese Einheit eindringt, „ist plötzlich ein Allgemeines da, etwas, das nun wie selbstverständlich gilt. Ich lese daran ab, was sich verändert hat und was geblieben ist."[50]

Hören wir in diesem Sinn das Gedicht von Paul Celan vom Anfang, die erste Strophe redet ja von der Sprache, die zweite von der Geschichte und die dritte vom Menschen, der durch den Tod – *Kaddisch* – hindurch in die Erinnerung – Jiskor – eingegangen ist.

Anmerkungen

1 Hilde Domin, Aber die Hoffnung, 3. Aufl., München 1987, S. 100 f.
2 Vgl., ebd., S. 11 ff.
3 Walter Benjamin, Gesammelte Schriften (GS), hrsg. v. Rolf Tiedemann und Hermann Schweppenhäuser, Frankfurt a.M. 1974 ff., Bd. I.2, S. 697.
4 Zit. nach Ralf Konersmann, Erstarrte Unruhe in Walter Benjamins Begriff der Geschichte, Frankfurt a.M. 1991, S. 114 ff.
5 Vgl. Eveline Goodman-Thau, Zeitbruch. Zur messianischen Grunderfahrung in der jüdischen Tradition, Berlin 1995, S. 11 ff.

6 Franz Rosenzweig, „Vorwort zu den Hymnen und Gedichten von Jehuda Halevi“, in: Der Mensch und sein Werk. Gesammelte Schriften (GS), Bd. 4.1, Jehuda Halevi: Fünfundneunzig Hymnen und Gedichte, Dordrecht 1984, S. 2.
7 Ebd., S. 3.
8 Franz Rosenzweig, „Deutschtum und Judentum“, in: GS, Bd. 3, Zweistromland. Kleinere Schriften zu Glauben und Denken, Dordrecht 1984, S. 174.
9 Franz Rosenzweig, „Das neue Denken“, in: GS, Bd. 3, S. 147.
10 Ebd., S. 151.
11 Ebd., S. 152.
12 Franz Rosenzweig, Briefe, Berlin 1935, S. 407.
13 Franz Rosenzweig, „Das neue Denken“, in: GS 3, S. 155.
14 Ebd., S. 148.
15 Franz Rosenzweig, Der Stern der Erlösung, Frankfurt a.M. 1988, S. 435.
16 Franz Rosenzweig, „Das Formgeheimnis der biblischen Erzählungen“, in: GS 3, S. 828.
17 Franz Rosenzweig, „Die Schrift und das Wort“, in: Zur neuen Bibelübersetzung“, in: GS 3, S. 777.
18 Franz Rosenzweig, „Das neue Denken“, in: GS 3, S. 160.
19 Walter Benjamin, „Die Aufgabe des Übersetzers“, in: GS IV.1, S. 21.
20 Ebd., S. 10.
21 Walter Benjamin, „Charles Baudelaire. Ein Lyriker im Zeitalter des Hochkapitalismus“, in: GS I.2, S. 538.
22 Walter Benjamin, „Über den Begriff der Geschichte“, in: GS I.2, S. 694.
23 Ebd., S. 701.
24 Ebd., S. 702.
25 Ebd., S. 704.
26 Walter Benjamin, „Literaturgeschichte und Literaturwissenschaft“, in: GS III, S. 288 ff.

27 Wir beziehen uns hier auf die IX. These „Über den Begriff der Geschichte“, die inspiriert ist von Paul Klees „Angelus Novus“. Vgl. Walter Benjamin, GS I.2, S. 697 f.
28 Vgl. ebd., S. 700 f.
29 Ebd., S. 701.
30 Ebd., S. 704.
31 Emmanuel Levinas, Wenn Gott ins Denken einfällt, 2. Aufl., Freiburg/München 1988, S. 119.
32 Ebd.
33 Ebd.
34 Ebd., S. 120.
35 Ebd., S. 124.
36 Ebd., S. 130.
37 Ebd., S. 119.
38 Ebd., S. 246.
39 Ebd., S. 250.
40 Ebd., S. 251.
41 Ebd., S. 252.
42 Ebd., S. 253.
43 Ebd., S. 252.
44 Ebd., S. 254.
45 Ebd., S. 255.
46 Ebd.
47 Ebd., S. 257.
48 Hans-Georg Gadamer, Das Erbe Europas, Frankfurt a.M. 1989, S. 39.
49 Ebd., S. 74.
50 Ebd., S. 75.

Religion – Geschichte – Gesellschaft

Fundamentaltheologische Studien

herausgegeben von Johann Baptist Metz (Münster / Wien), Johann Reikerstorfer (Wien) und Jürgen Werbick (Münster)

Johann Baptist Metz; Johann Reikerstorfer; Jürgen Werbick

Gottesrede

Wie ist nach der Botschaft vom "Tod Gottes" nicht nur erneut von Religion, sondern von Gott, vom Gott der biblischen Tradition zu reden? Welche Sprache hat die Theologie für "Gott in dieser Zeit", die von Katastrophen wie der von Auschwitz gezeichnet ist? Solchen "fundamentalen" Fragen der christlichen Gottesrede stellen sich die drei Herausgeber der Reihe in diesem Band: *Johann Baptist Metz,* der die "schwachen" Kategorien der Gottesrede in der "Zeit der Gotteskrise" entfaltet ("Im Eingedenken fremden Leids. Zu einer Basiskategorie christlicher Gottesrede"), *Johann Reikerstorfer,* dem es vor allem um eine Auseinandersetzung mit Letztbegründungsabsichten in der Theologie/Religionsphilosophie geht, ("Leiddurchkreuzt – Zum Logos christlicher Gottesrede") und *Jürgen Werbick,* der anhand der Problematik des Bittgebets die heutige "Schwierigkeit, ja zu sagen" untersucht ("Was das Beten der Theologie zu denken gibt").

Der Text "Der unpassende Gott" von J. B. Metz zum Kirchenvolksbegehren wird in dieser 2. Auflage neu zugänglich gemacht.

Bd. 1, 2. erw. Aufl. 2001, 104 S., 19,80 DM, br., ISBN 3-8258-2470-5

Jürgen Manemann

"Weil es nicht nur Geschichte ist"

Die Begründung der Notwendigkeit einer fragmentarischen Historiographie des Nationalsozialismus aus politisch-theologischer Sicht

Der Blick auf die Katastrophe Auschwitz verweist die Theologie *radikal* auf Geschichte und Gesellschaft. Aber nicht nur die Theologie ist durch Auschwitz systematisch herausgefordert und gezwungen, ihre Denkvoraussetzungen kritisch zu überprüfen. Auch die Geschichtswissenschaft muß sich der genannten Herausforderung stellen, denn auch ihr geht es um eine Kultur der Erinnerung, die wider die Apologetik und Relativierung das Recht der Opfer und die Schuld der Täter feststellen und festhalten will. Das Nachdenken über diese Erinnerungskultur und der Streit über sie verbinden die historische und die theologische Vernunft. Diese produktive und konfliktreiche Spannung drängt einen interdisziplinären Vergleich und Austausch geradezu auf. Die vorliegende Arbeit verknüpft die historische Erinnerung mit einem sich dem theologischen Denken verdankenden Eingedenken und entwirft von dort aus einen Umgang mit dem Nationalsozialismus, der der intellektuellen Komplizenschaft mit den Tätern entgeht.

Bd. 2, 1995, 320 S., 58,80 DM, gb., ISBN 3-8258-2345-8

José A. Zamora

Krise – Kritik – Erinnerung

Ein politisch-theologischer Versuch über das Denken Adornos im Horizont der Krise der Moderne

José A. Zamora nimmt in seiner großangelegten Untersuchung Habermas' Vorschlag eines Rückgangs hinter die *Dialektik der Aufklärung* auf, jedoch mit gegenläufiger Intention: Er untersucht Adornos Frühwerk in der Absicht, die Genesis eines 'anamnetischen Denkens' nachzuzeichnen, das Adorno in der Auseinandersetzung mit der Krise der kulturellen Moderne und der historischen Erfahrung in den 30er Jahren formuliert hat und das eine 'Halbierung der Rationalität' dokumentiert und kritisiert, auf die man sich heute weiterhin besinnen muß. Adornos 'konstellative Methode' versagt sich Theorie-Lösungen und verweilt bei den Aporien der Moderne, um das in ihr Unsichtbar-Gewordene, das vergangene Leid und das Andere des Bestehenden, sichtbar zu machen. Denn es ist die zunehmende Amnesie, die das Projekt der Moderne in eine 'Sackgasse'geführt hat.

Bd. 3, 1995, 512 S., 78,80 DM, gb., ISBN 3-8258-2389-X

Martha Zechmeister

Gottes-Nacht

Erich Przywaras Weg negativer Theologie

Bd. 4, 2. Aufl.2000, 344 S., 49,80 DM, br., ISBN 3-8258-3105-1

Gabriele Grunden

Fremde Freiheit

Jüdische Stimmen als Herausforderung an den Logos christlicher Theologie

Die Verurteilung des Antijudaismus gehört mittlerweile zum guten Ton christlicher Theologie. Doch damit ist noch lange nicht ein christliches Selbstverständnis erreicht, das von antijüdischen Zügen frei wäre. Die vorliegende Studie geht hier einen wichtigen Schritt weiter: Sie faßt nicht nur den aktuellen Stand jüdischer Jesusforschung zusammen, sondern erhellt auch das theologische und religiöse Selbstverständnis maßgeblicher jüdischer Philosophen der Gegenwart (Cohen, Rosenzweig, Lévinas). So werden Konturen einer "Exilshermeneutik" sichtbar, die je aktuell die angemessene Treue zur Tradition sucht. Sie belegen, daß christliche Behauptungen einer notwendi-

LIT Verlag Münster – Hamburg – Berlin – London

Grevener Str. 179 48159 Münster

Tel.: 0251 – 23 50 91 – Fax: 0251 – 23 19 72

e-Mail: vertrieb@lit-verlag.de – http://www.lit-verlag.de

Preise: unv. PE

gen Überbietung des Judentums der Grundlage entbehren: Stattdessen stellt die Autorin die Strukturanalogie zwischen der Bindung an die Thora und dem Bekenntnis zu Christus heraus. Bei der Bewährung dieser These in Auseinandersetzung mit heutigen Ansätzen christlicher Theologie (Metz, Pröpper) weiß sich die Autorin dem Auftrag Adornos verpflichtet, "den besseren Zustand zu denken, in dem man ohne Angst verschieden sein kann".

Bd. 5, 1996, 276 S., 58,80 DM, gb., ISBN 3-8258-2572-8

Dieter Henrich; Johann Baptist Metz; Bernd Jochen Hilberath; R. J. Zwi Werblowsky

Die Gottrede von Juden und Christen unter den Herausforderungen der säkularen Welt

Symposion des Gesprächskreises "Juden und Christen" beim Zentralkomitee der deutschen Katholiken am 22./23. November 1995 in der Katholischen Akademie Berlin

Angesichts der konfliktträchtigen Auslegungsgeschichte der gemeinsamen Hebräischen Bibel durch Juden und Christen, die noch ihre Wirkung im Nachhall des säkular-nationalistischen Judenhasses gefunden hat, standen beim Berliner Symposion vor allem folgende Fragen im Raum: Lesen Juden und Christen wirklich dieselbe Bibel? Gestattet das Verbot, sich von Gott – aber auch vom Menschen und vom Sinn der Geschichte – ein Bild zu machen, überhaupt eine theologisch-philosophische Rede über Gott? Aber wie ist ohne sie im Ernst eine Rede zu Gott, im persönlichen Gebet wie in der Liturgie verantwortbar? Verstärken nicht zusätzlich der wissenschaftliche Diskurs seit der Aufklärung sowie die Konfrontation mit den Weltreligionen die Notwendigkeit einer intellektuell redlichen Vergewisserung, was Gottrede in Wahrheit meine? Wie ist mit dem Paradox umzugehen, daß Juden und Christen so wenig darüber sagen können, wer Gott ist, wohl aber so klar und eindeutig, was sein Wille sei: das unabdingbare Gebot der Liebe? Von welchen existentiellen Erfahrungen in den Tiefenschichten des säkularen Menschen und unserer gottvergessenen Zeit kann die Gottrede so ihren Ausgang nehmen, daß sie über den "Zirkel der Eingeweihten" hinaus verstehbar und wirksam wird?

Bd. 8, 1997, 104 S., 24,80 DM, br., ISBN 3-8258-3192-2

Ulrich Engel

Umgrenzte Leere

Zur Praxis einer politisch-theologischen Ästhetik im Anschluß an Peter Weiss' Romantrilogie "Die Ästhetik des Widerstands"

In kritische Auseinandersetzung mit Hans Urs von Balthasar und gestützt durch eine Relecture der einschlägigen philosophischen Theoriekonstrukte Walter Benjamins und Theodor W. Adornos optiert die Untersuchung zu Peter Weiss' Romantrilogie "Die Ästhetik des Widerstands" eindringlich für eine praktisch verfaßte Ästhetikfigur, die in ihrem Kern als negative Theorie zu denken ist. Vor diesem Hintergrund entfaltet die vorliegende Studie eine Ansatz theologischer Ästhetik als eine materialistisch fundierte Theorie widerständig-hoffenden Handelns. Als Wahrnehmungslehre schärft sie den Blick für die Katastrophen der Geschichte und die unabgegoltenen Leiden der Opfer, zugleich aber auch für das messianische Kommen des abwesenden Gottes. Beharrlich weigert sie sich, das eschatologisch noch Ausstehende vorschnell zu affirmieren: In ihrer ästhetischen wie auch in ihrer theologischen Gestalt ist sie "umgrenzte Leere".

Bd. 9, 1998, 472 S., 79,80 DM, gb., ISBN 3-8258-3444-1

Reinhold Boschki; Dagmar Mensink (Hrsg.)

Kultur allein ist nicht genug

Das Werk von Elie Wiesel – Herausforderung für Religion und Gesellschaft

"Wir müssen uns darüber im klaren sein, daß es möglich ist, eine Kultur ... in ein Instrument der Unmenschlichkeit zu verwandeln. Deshalb bin ich überzeugt: Kultur allein ist nicht genug." sagt Elie Wiesel – Auschwitz-Überlebender, jüdischer Schriftsteller und Friedensnobelpreisträger. Er weiß, daß nur gelebte Mitmenschlichkeit den Ausbruch von Haß und Menschenverachtung inmitten einer modernen Gesellschaft verhindern kann. Es setzt dabei auf die verändernde Kraft des Erzählens. Sein Buch *Nacht* und seine Erzählungen und Romane aus der Welt der Bibel, des Talmud und des Schtetl sind durchdrungen von bohrenden Fragen: Was ist der Mensch, daß er tötet um des Tötens willen? Wo war Gott in Auschwitz? Dieses Buch lotet die Bedeutung von Wiesels Zeugnis für Wissenschaft, Religion und gesellschaftliche Praxis aus. Unter den Beiträgen von SchülerInnen und Freunden sind erstmals auch maßgebliche amerikanische Stimmen in deutscher Sprache zugänglich. Ein Vortrag von Elie Wiesel und eine ausführliche Bibliographie ergänzen die kenntnisreichen Studien zum Werk des Autors, der am 30. September 1998 siebzig Jahre alt wurde. Mit Beiträgen von: Irving Abrahamson, Alan L. Berger, Joel Berger, Ruth Bergida, Reinhold Boschki, Gundula van den Berg, Micha Brumlik, Harry James Cargas, Alice L. Eckardt, A. Roy Eckardt, Anat Feinberg, Albert H. Friedlander, Martha Hauptman, Joseph A. Kanofsky, Volkhard Knigge, Karl-Josef Kuschel, Lawrence L. Langer, Verena Lenzen, Dagmar Mensink, Johann Bap-

st Metz, Christoph Münz, Nehemia Polen, olf Rendtorff, John K. Roth, Alan Rosen, Ja- et Schenk McCord, Werner Schneider, Dorothee ölle, Jean-François Thomas und Elie Wiesel.
d. 10, 1998, 432 S., 69,80 DM, br., ISBN 3-8258-3576-6

ohann Reikerstorfer (Hrsg.)
om Wagnis der Nichtidentität
ohann Baptist Metz zu Ehren
ie Autoren dieser "Festgabe" möchten J. B. Metz nläßlich seines 70. Geburtstags ein Stück seiner eschichte, die sich vor allem mit Wien, dem hilosophischen Institut der Universität und dem nstitut für Fundamentaltheologie verbindet, in rinnerung rufen und als eine produktive Begeg- ung dokumentieren. Als Leitmotiv dient ihnen ie Interpretation der neuen Politischen Theologie ls "negative Theologie", um sie unter dieser Hin- icht im heutigen theologischen Grundlagendiskurs ls Angebot für eine kommunikative Gottesrede u erfragen, die sich der "Nichtidentität" aussetzt nd verpflichtet weiß. J.Reikerstorfer zeigt, daß n der denkgeschichtlichen Entwicklung dieses onzepts die kritisch-produktive Kraft der Nega- ivität zuletzt mit der Frage nach der "Zeit", ihrer igenart und dem darin gelegenen Sinn von "Alte- ität" ihre volle Schärfe gewinnt und entfaltet. In useinandersetzung mit dem Karsamstagsmotiv ei H. U. v. Balthasar und E. Przywara erörtert M. Zechmeister die Metzsche "Leidenserinne- ung" als Basis für eine "Theologie des Gott- ermissens". Die Universalität dieser Gottesrede ucht P. Zeillinger gegenüber der Kritik an uni- ersalistischen Ansprüchen über die "schwachen ategorien" der Erinnerung und der Anerkennung er Anderen in ihrem Anderssein zu entwickeln, während B. Taubald den Einbruch des Nichtidenti- chen in die neue Politische Theologie im Spiegel hres Erinnerungsbegriffs aufspürt und die Erinne- ung selbst in ihrer Intention als leidempfindliche Vergegenwärtigung des "Unsagbaren" interpretiert. Schließlich bringt W. Klaghofer literarische Motive bei F. Werfel in eine Nähe zu J. B. Metz, indem er die messianische Hoffnung auf das Ende der Zei- ten als Widerstand gegen das menschliche Unrecht politischer Gewalt- und Unterdrückungsgeschich- ten ins Blickfeld rückt.
Bd. 11, 1998, 184 S., 34,80 DM, br., ISBN 3-8258-3767-x

Jürgen Manemann;
Johann Baptist Metz (Hrsg.)
Christologie nach Auschwitz
Stellungnahmen im Anschluß an Thesen von Tiemo Rainer Peters
Der vorliegende Band präsentiert zehn Thesen zur "Christologie nach Auschwitz" von *Tiemo Rainer Peters* und versammelt dazu Stellungnahmen, zustimmende, weiterführende, kritisch rückfragende Kurzkommentare – von Schülern und Freunden, von Symphatisanten und auch von kritischen Begleitern einer Politischen Theologie, für die die Katastrophe von Auschwitz zur inneren Situation der christlichen Gottesrede gehört, so daß ihr der Rückzug auf eine situationsblinde Heilsmetaphysik oder auf einen menschenleeren Geschichtsidealismus angesichts dieser Katastrophe verwehrt ist.
Beiträger sind:
Reinhold Boschki, Edna Brocke, Ulrich Engel, Paulus Engelhardt, Hans-Gerd Janßen, Ottmar John, Maureen Junker-Kenny, Bertil Langenohl, Jürgen Manemann, Friedrich-Wilhelm Marquardt, Reyes Mate, Johann Baptist Metz, Jürgen Moltmann, Otto Hermann Pesch, Birte Petersen, Thomas Pröpper, Johann Reikerstorfer, Jürgen Werbick
Die zweite Auflage ist erweitert um eine Erwiderung von Tiemo Rainer Peters.
Bd. 12, 2. Aufl. 2001, 192 S., 29,90 DM, br., ISBN 3-8258-3979-6

Karl Rahner Akademie (Hrsg.)
Geschichte denken
Mit Beiträgen von H. M. Baumgartner, K. Flasch, J. Maier, J. B. Metz, A. Schmidt, H. Schnädelbach und H. Schweppenhäuser
Bd. 13, 1999, 128 S., 29,80 DM, br., ISBN 3-8258-4176-6

Johann Reikerstorfer (Hrsg.)
Zum gesellschaftlichen Schicksal der Theologie
Ein Wiener Symposium zu Ehren von Johann Baptist Metz (November 1998). Mit Beiträgen von E. Jüngel, J. B. Metz u. a.
Mit Beiträgen von H. J. Vogel u. E. Busek (Politik), L. Nagl (Philosophie), E. Jüngel u. U. Körtner (ev. Theologie), P. M. Zulehner u. J. Reikerstorfer (kath. Theologie), R. Potz (Staatskirchenrecht), G. Luf (Rechtsphilosophie) und Weihbischof H. Krätzl, sowie Auszügen aus der Diskussion mit J. B. Metz.
Bd. 14, 1999, 176 S., 39,80 DM, br., ISBN 3-8258-4175-8

Ulrich Willers
Nietzsches Jesus
Bd. 15, Frühjahr 2002, ca. 128 S., ca. 29,80 DM, br., ISBN 3-8258-4925-2

Barbara Nichtweiß (Hrsg.)
Vom Ende der Zeit
Geschichtstheologie und Eschatologie bei Erik Peterson. Symposium Mainz 2000. Mit Beiträgen von Klaus Berger, Ferdinand Hahn, Karl Lehmann, Eduard Lohse, Hans Maier, Christoph Markschies u. a.
Bd. 16, 2001, 344 S., 49,80 DM, gb., ISBN 3-8258-4926-0

LIT Verlag Münster – Hamburg – Berlin – London
Grevener Str. 179 48159 Münster
Tel.: 0251 – 23 50 91 – Fax: 0251 – 23 19 72
e-Mail: vertrieb@lit-verlag.de – http://www.lit-verlag.de
Preise: unv. PE

Maureen Junker-Kenny (ed.)
Memory, Narrativity, Self and the Challenge to Think God
The Reception within Theology of the Recent Work of Paul Ricoeur
Bd. 17, Frühjahr 2002, ca. 200 S., ca. 39,80 DM, br., ISBN 3-8258-4930-9

Benjamin Taubald
Anamnetische Vernunft
Untersuchungen zu einem Begriff der neuen Politischen Theologie
"Ein wichtiger Beitrag zur Theoriegestalt der neuen Politischen Theologie und zur Erläuterung ihrer Basiskategorie, der *memoria passionis*, im philosophisch-theologischen Grundlagendiskurs."
Johann Baptist Metz
Bd. 18, 2001, 208 S., 39,80 DM, br., ISBN 3-8258-5151-6

Detlef Schneider-Stengel
Christentum und Postmoderne
Zu einer Neubewertung von Theologie und Metaphysik
Christliche Theologie und philosophische Ansätze der Postmoderne stehen, so scheint es, in einem schwierigen, wenn nicht konträren Verhältnis zueinander. Wenn man aber genauer hinsieht, dann haben beide mehr gemeinsam, als sie selbst voneinander glauben. Denn die Postmoderne, so die These von Leslie Fiedler, ist genuin religiös. Die vorliegende Arbeit hat sich zum Ziel gesetzt, mit Hilfe der Religionsphilosophie anhand moderner Mythos- und Metapherntheorien einen Dialog zu initiieren, der für beide Seiten sehr fruchtbar wäre. Die aufgezeigten und entwickelten Dialogmodelle könnten dann als hermeneutische Gesprächshilfen dienen.
Bd. 19, Frühjahr 2002, ca. 296 S., ca. 49,80 DM, br., ISBN 3-8258-5011-0

Jürgen Werbick
Gebetsglaube und Gotteszweifel
Ist der Zweifel nur ein Glaubensdefizit, so daß der Glaube ihn eigentlich überwinden müßte? Die Studien dieses Bandes versuchen, zu einer anderen Bestimmung des Verhältnisses von Glauben und Zweifeln zu kommen. Ihre gemeinsame Intention ist die Entfaltung einer Gebetstheologie, die sich von den Grundvollzügen und Aporien des Betens zu denken geben läßt. Zentrale Themen dieser Theologie des Betens sind u. a.: Gewißheit und Zweifel, Gebet als Gottsuche, die Krise des Bittgebets und der Glaube an den allmächtigen Gott, die Bitte um Erlösung, Doxologie und Trinitätslehre, Dogma – Symbol – Gebet.
Bd. 20, 2001, 288 S., 39,80 DM, gb., ISBN 3-8258-5379-9

Paulus Budi Kleden
Christologie in Fragmenten
Die Rede von Jesus Christus im Spannungsfeld von Hoffnungs- und Leidensgeschichte bei Johann Baptist Metz
Wer den Namen Johann Baptist Metz hört, dem fällt wohl zuerst die Theodizeefrage ein, da es dieses Thema ist, um welches das Schaffen von Metz unermüdlich kreist. Indem Metz aber auf d geschichtlichen Unbeantwortbarkeit der Theodizeefrage beharrt, setzt er sich dem Vorwurf auf, die Heilsbedeutung des Christusereignisses nicht hinreichend zu berücksichtigen. Indem aber nach den impliziten Voraussetzungen dieser Theologie gefragt wird, zeigen sich die darin enthaltenen christologischen Gehalte auf, die das zunächst augenscheinliche christologische Defizit zumind teilweise auszugleichen imstande sind.
Bd. 21, 2001, 448 S., 79,80 DM, br., ISBN 3-8258-5198

Bernhard Nitsche
Göttliche Universalität in konkreter Geschichte
Eine transzendental-geschichtlichen Vergewisserung der Christologie in Auseinandersetzung mit Richard Schaeffler und Karl Rahner
Die Kritik am christlichen Absolutheitsanspruch und am idealistischen Geschichtsdenken ist Anla nach einer philosophisch vergewisserten Method zu fragen, welche die Einmaligkeit menschlicher Freiheitsgeschichte und das bleibende Verwiesensein der freien Menschen aufeinander sowie die Ansprechbarkeit für Gott und seine mögliche Offenbarung in der Geschichte angemessen refle tieren kann. Richard Schaeffler und Karl Rahner stehen von religionsphilosophischer bzw. theologischer Seite für ein Freiheitsdenken, welches de geschichtlichen Charakter der transzendentalen Bedingungen des menschlichen Weltverhaltens hervorhebt. In kritischer Auseinandersetzung mit ihren Optionen kann plausibilisiert werden, daß die singuläre Geschichte des konkreten Menschen Jesus für alle Menschen Bedeutung gewinnen kann, ohne die Situation des Leidens und der Ungerechtigkeit auszublenden, die bleibende Berufung Israels zu enteignen oder die Marginalisierung von Frauen im Christentum zu überspielen. Inhaltlich wird die geschichtsbewußt und das Leiden und Unabgegoltene der Mensche erinnernde Gestalt transzendentalen Denkens in einer futurisch-eschatologischen Konzeption des (er-)wartenden Christus zentriert, welche als positionell christliche Wahrheitsantizipation des Ganzen der Wirklichkeit in den Dialog der jewei perspektivischen Weltanschauungen und Religio-

LIT Verlag Münster – Hamburg – Berlin – London
Grevener Str. 179 48159 Münster
Tel.: 0251 – 23 50 91 – Fax: 0251 – 23 19 72
e-Mail: vertrieb@lit-verlag.de – http://www.lit-verlag.de
Preise: unv. PE

:n eingebracht wird.
1. 22, 2001, 562 S., 79,80 DM, gb.,
BN 3-8258-5136-2

laus Kienzler; Josef Reiter;
udwig Wenzler (Hrsg.)
as Heilige im Denken
nsätze und Konturen einer Philosophie der
eligion. Zu Ehren von Bernhard Casper
1. 23, Frühjahr 2002, ca. 454 S., ca. 89,80 DM, br.,
BN 3-8258-5533-3

. Hannah Holtschneider
erman Protestants Remember the
olocaust
heology and the Construction of Collective
lemory
rawing on the methodology of collective
emory this dissertation analyses representations
f the Holocaust and Jews in three German
rotestant theological texts (Rheinischer
ynodalbeschluss 1980, F.-W. Marquardt's Von
lend und Heimsuchung der Theologie and
. Jüngst's Auf der Seite des Todes das Leben).
he analysis of these texts is informed by the
evelopment of narratives of collective memory
f the Holocaust in German society in the 1980s
nd 1990s (the miniseries Holocaust and Heimat,
ie Bitburg Controversy, the Historikerstreit
nd the Goldhagen Controversy) and by the
udy of generational transmission of Holocaust
iemory in the third generation of non-Jewish
iermans. In particular, the paradigms generated
y Christian reflection on the Holocaust and Jews
nd their consequences for current Christian-
ewish relations in Germany are addressed. The
ieological narrative of this study becomes
icreasingly complex through the inclusion
f social and generational issues of Holocaust
emembrance in Germany.
d. 24, 2001, 232 S., 49,80 DM, br., ISBN 3-8258-5539-2

Jlrich Willers; Gotthard Fuchs (Hrsg.)
Theodizee im Zeichen von Dionysos
Mit Beiträgen von Johann Figl, Hans Gerald
Iödl, Magnus Striet, Christoph Türcke u. a.
d. 25, Frühjahr 2002, ca. 208 S., ca. 39,80 DM, br.,
SBN 3-8258-5561-9

Ansgar Koschel (Hrsg.)
Katholische Kirche und Judentum im
20. Jahrhundert
Mit Beiträgen von Herbert Bettelheim,
Ernst-Ludwig Ehrlich, Mehachem Kanafi,
Gerhard Riegner, Herbert Smolinsky
und Erich Zenger
d. 26, Frühjahr 2002, ca. 168 S., ca. 34,80 DM, br.,
SBN 3-8258-5507-4

Lydia Bendel-Maidl
Tradition und Innovation
Zur Dialektik von historischer und systematischer Perspektive in der Theologie am Beispiel von Transformationen in der Rezeption des Thomas von Aquin im 20. Jahrhundert
Bd. 27, Frühjahr 2002, ca. 504 S., ca. 89,90 DM, br.,
ISBN 3-8258-5589-9

Christian Heller
John Hicks Projekt einer religiösen Interpretation der Religionen
Darstellung und Analyse – Diskussion – Rezeption
Bd. 28, Frühjahr 2002, ca. 528 S., ca. 79,80 DM, br.,
ISBN 3-8258-5528-7

Jahrbuch Politische Theologie

herausgegeben von Torsten Habbel,
Hans-Gerd Janßen, Ottmar John,
Jürgen Manemann, Michael J. Rainer, Claus Urban
und José A. Zamora

Jürgen Manemann (Hrsg.)
Demokratiefähigkeit
Den vorliegenden Band I "Demokratiefähigkeit" eröffnen Statements zur Frage "Was heißt eigentlich politisch?" Beteiligt sind der Verfassungsrichter *Ernst-Wolfgang Böckenförde*, die Politiker *Peter Hintze* (CDU), *Freimut Duve* (SPD) und *Winfried Kretschmann* (Bündnis 90/Die Grünen) sowie mit theologischer Perspektive *Jürgen Moltmann*, *Dorothee Sölle* und *Edna Brocke*.
Beiträge von *Tiemo R. Peters, Johann Baptist Metz, Ottmar John, Michael J. Rainer, Willi Oelmüller, Jürgen Manemann, Edmund Arens, Kuno Füssel* und *Michael Ramminger* vertiefen den grundlegenden Zusammenhang zwischen Monotheismus, Theodizee und moderner demokratischer Gesellschaft. *Debatte* – diesmal um die "Politik der Anerkennung der Anderen" (mit Thesen von Günter P. Suess und Kommentaren von Walter Lesch, Matthias Möhring-Hesse und Peter Rottländer), *Rezensionen* (zur aktuellen C. Schmitt-Diskussion) und Portraits einschlägiger *Institute/Projekte* (Fritz Bauer Institut, Frankfurt a. M.; Institut für Theologie und Politik, Münster) zeigen weitere Dimensionen politisch-theologischer Arbeit.
Bd. 1, 2. Aufl. 2000, ca. 272 S., ca. 34,80 DM, br.,
ISBN 3-8258-2227-3

Michael J. Rainer; Hans-Gerd Janßen (Hrsg.)
Bilderverbot
Mit BILDERVERBOT stellt das Jahrbuch wiederum ein Thema in den Mittelpunkt, das nicht nur theologisch zentral ist, sondern die Mitte unserer Kultur betrifft.
In der fortschreitenden Expansion multimedialer Kommunikation zeigt sich das Diktat der Sichtbarkeit. Gegen die Bilderflut und ihre scheinbar allmächtigen Mechanismen formiert sich - wie auch immer begründet - Abwehr. In die Diskussion dieser Situation will das Jahrbuch zum BILDERVERBOT eingreifen.
FORUM: Statements zur Frage WAS HEIßT HEUTE EIGENTLICH BILDERVERBOT? eröffnen den fächerübergreifenden Band: Künstlerpfarrer Friedhelm Mennekes, Rabbi David R. Blumenthal, Journalist Ingo Herrmann, Schauspielerin Ingrid Resch, Filmemacher Michael Verhoeven, Bischof Pedro Casadaliga und bildender Künstler Arnulf Rainer.
THEMA: Die Beiträge vertiefen BILDERVERBOT aus unterschiedlichen Fachperspektiven, wie Kunsttheorie: Gertrud Koch, Verena Lenzen, Rita Burrichter; Ökonomie: Franz Hinkelammert und Bob Brecher; Psychotherapie: Hanna Gekle; Politiktheorie: Agnes Heller; Philosophie: José A. Zamora, Saskia Wendel, Torsten Habbel; Theologie: Jürgen Ebach, Jürgen Goldstein, Ottmar John und Hans-Gerd Janßen.
Die Debatte über REPRÄSENTATION schließt an Thesen zu Carl Schmitt an (von Jürgen Manemann) und verdichtet sich in Beiträgen des Verfassungsrechtlers Wolfgang Mantl (Graz) sowie der Fundamentaltheologen Jürgen Werbick (Münster) und Johann Baptist Metz (Wien).
REZENSION: J. Kroth zu einschlägigen Kapiteln bei E. Nordhofen, W. Oelmüller und M. Theunissen.
INSTITUTE UND PROJEKTE: F. Castillo zu "Centro Ecumenico 'Diego de Medellín'" (Santiago de Chile), J. Gerz, E. Shalev-Gerz zu "Vanishing Memorials" (Harburg u. a.), A. Maislinger, K. Leutgeb zu "Gedenkdienst" (Innsbruck).
Bd. 2/1997, 1997, 344 S., 34,80 DM, br.,
ISBN 3-8258-2795-x

Jürgen Manemann (Hrsg.)
Befristete Zeit
In Band 3 wird der Zeitindex der Theologie diskursorisch herausgearbeitet: "Wer christlich zu denken glaubt und dies ohne Frist zu denken glaubt, ist schwachsinnig." (J. Taubes). Zeit als Frist denken – das ist der Theologie aufgegeben. Eine apokalyptisch angeschärfte Gottesrede verweigert sich der bloßen Faktizität, indem sie ihren Herrschaftscharakter zu enthüllen und einen Horizont aufzubrechen versucht, von dem aus Geschichte in ihrer Herrschafts- und Unterwerfungsstruktur entlarvt und in ihrer subjekthaft erfahrenen Leidens- und Hoffnungsstruktur erkennbar wird. Ein solcher Entwurf provoziert eine kontroverse Diskussion im Zeitalter der Beschleunigungen und der Zeitvergessenheit. Zu dieser Diskussion im Konzert mit anderen Disziplinen (Soziologie, Philosophie, Politologie, Ästhetik u. a.) herauszufordern, ist die Aufgabe des 3. Bandes.
Mit Statements von Ulrich H. J. Körtner, Franco Rest, Christoph Wulf, Ulrich Lüke. Textbeiträge u. a. von Jürgen Habermas, Norbert Bolz, Karl-Heinz Brodbeck, Matthew L. Lamb, Johan Baptist Metz, Tiemo Rainer Peters, Johann Reikstorf, Christoph Türcke, Jürgen Werbick, José A Zamora.
Bd. 3, 1999, 280 S., 39,80 DM, br., ISBN 3-8258-3957

Jürgen Manemann (Hrsg.)
Monotheismus
Der 4. Band des Jahrbuchs schaltet sich in den gegenwärtigen Diskurs über den Monotheismus ein. Mit dieser Thematik steht das Zentrum politisch-theologischen Denkens zur Debatte. D: Jahrbuch setzt an mit der Frage nach dem Zusammenhang von Ethik und Monotheismus und fokussiert die Kritik des ethischen Monotheismu im ausgehenden 20. Jahrhundert. Der Band enth Analysen gegenwärtiger Anti- Monotheismen in der (post-)modemen Gesellschaft und in christlichen trinitätstheologischen Auslegungen. Zur Debatte steht im besonderen das Monotheismus Verständnis, das Jan Assmann in seinen Studien entworfen hat und sein Versuch, die dem Monotheismus inhärenten Feindbilder, nämlich Ägypt und den Polytheismus, zu rehabilitieren. Neben einer ausführlichen Rezensionen über die popul wissenschaftlichen Angriffe gegen den biblische Monotheismus werden Projekte vorgestellt, die hier angerissene Problemzusammenhänge gesellschaftspolitisch umzusetzen versuchen.
AutorInnen dieses Bandes sind u.a.: Jan Assmar Richard Faber, Thomas Freyer, Alois Halbmayr, Ottmar John, Otto Kallscheuer, Daniel Krochmanik, Gottfried Küenzlen, Jürgen Manemann, Ge Neuhaus, David Patterson, Thomas Ruster, Diet Schellong, Heinz-Günther Stobbe, Marie-Theres Wacker.
Bd. 4, Frühjahr 2002, ca. 280 S., ca. 39,80 DM, br.,
ISBN 3-8258-4426-9

Jürgen Manemann (Hrsg.)
Metaphysik
Bd. 5, Frühjahr 2002, ca. 280 S., ca. 39,80 DM, br.,
ISBN 3-8258-5452-3

LIT Verlag Münster – Hamburg – Berlin – London
Grevener Str. 179 48159 Münster
Tel.: 0251 – 23 50 91 – Fax: 0251 – 23 19 72
e-Mail: vertrieb@lit-verlag.de – http://www.lit-verlag.de
Preise: unv. PE